20° Ost 40° 60° 80° 100° 120° 140° 160° 180° 80°

Spitzbergen
Franz-Josef-Land
Nowaja
Semlja
Nordkap
Barents-see
Kola
Karasee
Taimyr Halbinsel
Kap Tscheljuskin
Laptewsee
Ostsibirische See
Kap Deshnew
Werchojansk
Werchojansker Gebirge
skandinavien
Berlin
Moskau
E U R O P A
Ural
Wolga
S i b i r i e n
Jenissej
Lena
Ob
A S I E N
Baikalsee
Stanowoigebirge
Kamtschatka
Bering-Meer
Aleuten
Ochotskisches Meer
Altai
Jablonowyj-gebirge
Kaspische Senke
Elbrus 5642
Schwarzes Meer
Kaspisches Meer
Nowosibirsk
Tian Shan
Turan
Gobi
Peking
Mandschurei
Honshu
Tokio
Japanisches Meer
Korea
Hochland von Iran
Mesopotamien
Hindukusch
Tarim-becken
Kunlun Shan
Hochland von Tibet
Himalaya
Mt. Everest 8872
Huang Ho
Ostchinesisches Meer
Tibesti
Kairo
A F R I K A
S a h a r a
Arabien
Rotes Meer
Große Arabische Wüste
Indus
Thar
Delhi
Ganges
Indien
Jangtsekiang
Südchinesisches Bergland
Kanton
10564
P a z i f i s c h e r
Kap Guardafui
Hochland von Äthiopien
Arabisches Meer
Mumbai
Golf von Bengalen
Bangkok
Andamanen
Nikobaren
Ceylon
Kap Comorin
Mekong
Südchinesisches Meer
Philippinen
Marianen
Witjas-Tief 11034
10540
Zentral-pazifisches Becken
Marshall-Inseln
Mikronesien
Karolinen
Asandeschwelle
Kongo
Kongo-becken
Kinshasa
Kenia 5199
Kilimandscharo 5895
Daressalam
Seychellen
Malediven
Tschagos-Inseln
Sumatra
Kerinci 3805
Java
Malaiischer Archipel
Borneo
7450
M e l a n e s i e n
Neuguinea
Salomon-Inseln
Kiribati
Ellice-Inseln
Lundaschwelle
Sambesi
Guinea
Komoren
I n d i s c h e r
Kokos-Inseln
Darwin
Kap York
Korallen See
Samoa
Kalahari
Johannesburg
Madagaskar
Maskarenen
O z e a n
Große Sandwüste
Bergland
AUSTRALIEN
Neukaledonien
Drakensberge
Namib
Kap der Guten Hoffnung
Perth
Große Victoriawüste
Große Australische Bucht
Australisches Tiefland
Sydney
Mt. Kosciusko 2230
Tasman-see
St. Paul
Kerguelen
Tasmanien
Neuseeland
Chatham-Insel
Campbell-Insel
60°
A N T A R K T I S
20° Ost 40° 60° 80° 100° 120° 140° 160° 180° 80°
5881E_2

Heimat und Welt Geographie

für Sachsen-Anhalt

Schuljahrgang 5
Sekundarschule

Moderatorinnen:
Notburga Protze
Margit Colditz

Autoren:
Margit Colditz
Evelyn Dieckmann
Heike Köppe
Anne-Kathrin Lindau
Notburga Protze
Ines Schmidt
unter Mitwirkung
der Verlagsredaktion

westermann

Das ist im Buch enthalten:

Geofix begleitet dich bei der Kompetenzentwicklung.

Hier erhältst du Hinweise, wie du schrittweise Erkenntnisse gewinnen kannst.

Hier erhältst du Zusatzinformationen und Begriffserläuterungen.

M So sind alle Materialien (Fotos, Grafiken, Übersichten usw.) benannt. Die Nummerierung erfolgt doppelseitenweise.

Mittelgebirge Fachbegriffe sind im Text blau hervorgehoben.

www Unter diesen Internetadressen findest du zusätzliche Informationen.

Hier wirst du auf fächerübergreifendes Arbeiten hingewiesen.

Hier kannst du dein Wissen und deine Kompetenzen überprüfen.

Im Arbeitsheft kannst du üben, wiederholen und anwenden.

© 2010 Bildungshaus Schulbuchverlage Westermann Schroedel Diesterweg Schöningh Winklers GmbH, Georg-Westermann-Allee 66, 38104 Braunschweig
www.westermann.de

Druck A[11] / Jahr 2024
Alle Drucke der Serie A sind im Unterricht parallel verwendbar.

Lektorat: Thomas Eck
Bildredaktion: Susanne Guse
Layout und Herstellung: Yvonne Behnke
Druck und Bindung: Westermann Druck GmbH, Georg-Westermann-Allee 66, 38104 Braunschweig

ISBN 978-3-14-**144585**-5

Inhaltsverzeichnis

Inhaltsverzeichnis

Landschaften und ihre Nutzung 44

Wirtschaftsräume im Wandel 76

Leben in der Stadt und im Dorf   112

Anhang   126

Auf dem Weg zu einem Geoexperten ...

Ich bin Geofix.

„Als ich den Planeten Erde vom Weltraum aus sah, in all seiner unglaublichen Schönheit und Zartheit, erkannte ich: Die dringendste Aufgabe der Menschheit besteht darin, für die Erde zu sorgen und sie künftigen Generationen zu bewahren."

Sigmund Jähn: Er startete am 26.08.1978 als erster Deutscher ins All.

Geofix heißt dich herzlich willkommen. Geographie – zusammengesetzt aus den griechischen Wörtern „geo(s)" und „graphein" – bedeutet so viel, wie die Erde beschreiben. Du bist sicher gespannt darauf, was dich alles in diesem neuen Unterrichtsfach erwarten wird. Versprechen kann ich dir erst einmal, dass du in jeder Klassenstufe sehr viel Interessantes lernen kannst.

So erfährst du zum Beispiel

- wie die Menschen in verschiedenen Ländern der Erde leben und wirtschaften,
- wo und warum es Gebirge, Tiefländer, Gletscher, Wüsten oder Naturereignisse auf der Erde gibt,
- warum und wie der Mensch die Erde nutzt und umgestaltet und warum sie geschützt werden muss.

Du lernst aber auch, wie du dir mithilfe von Karten, Bildern und anderen Materialien selbst fremde Räume erschließen kannst. Viel Spaß dabei!

M1 Wolkenkratzer in Malaysia

M2 An einem Brunnen in Mali

M3 Vulkanausbruch des Ätna

M4 Indiojunge aus Peru

Geographie –
das Fach zum …

… Erkunden und Erforschen von Räumen, zum Lesen von Karten, Beschreiben von Bildern, Auswerten von Fachtexten, Diagrammen u. a..

Dabei wirst du verschiedene Arbeitsmittel kennenlernen und diese im Verlaufe deines Geographieunterrichtes nutzen. Ohne Übung geht das nicht. Schau mal in M5, was du alles machen kannst.

Aufgabe

1 Die einzelnen Bilder in M5 haben Buchstaben. Ordne diese Buchstaben den unten genannten geographischen Arbeitsweisen richtig zu. Von oben nach unten gelesen, erhältst du einen Lösungssatz.

(I) Bilder beschreiben
( ) Kartenskizzen anfertigen
( ) Texte markieren und auswerten
( ) Befragungen durchführen
( ) Experimente durchführen
( ) Diagramme auswerten
( ) Filme auswerten
( ) Entfernungen messen
( ) Atlas und Lexikon benutzen
( ) Internet zum Informieren benutzen

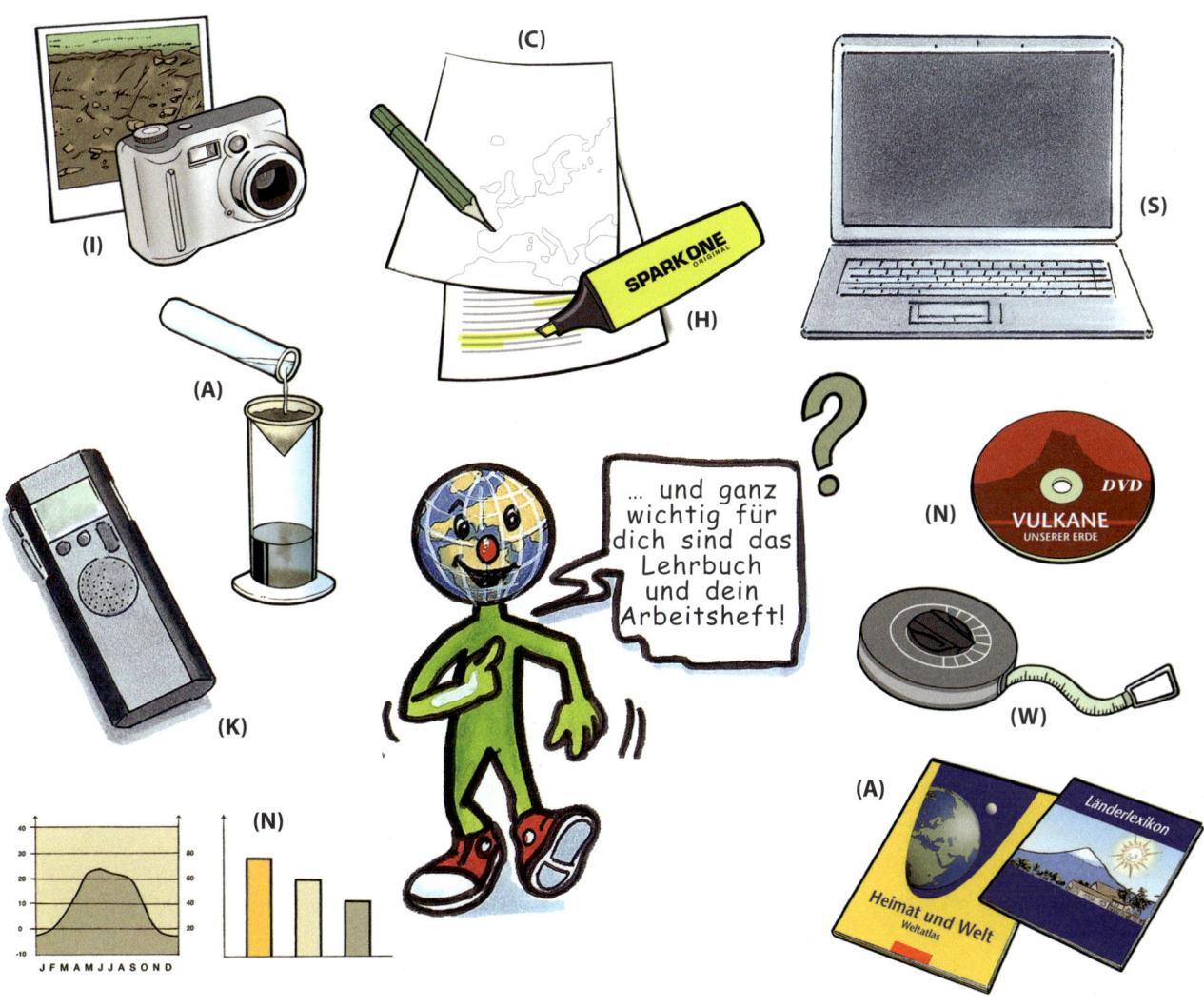

M5 Arbeitsmittel und Arbeitsweisen im Geographieunterricht (Auswahl)

Die Erde ist nur ein winzig kleiner Körper in der unermesslichen Weite des Weltalls. Sie umkreist die Sonne als einer ihrer Planeten in einem günstigen Abstand. Dadurch konnte sich auf ihr Leben entwickeln.

Hier umkreist die Erde die Sonne.

Mars

Jupiter

Neptun

Uranus

Saturn

Am Ende dieses Kapitels kannst du:

– Merkmale des Planeten Erde
 beschreiben,
– Gliederungen der Erde nennen,
– das Leben der Menschen in
 unterschiedlichen Räumen der
 Erde beschreiben,
– geographische Objekte im
 Atlas auffinden und ihre Lage
 beschreiben.

M1 Planeten umkreisen die Sonne

9

Gestalt der Erde

M1 Die Discovery im Landeanflug

M2 Sternschnuppe am Himmel

Eine Raumfähre setzt zur Landung an

Aufgaben

1 **Welche Bedeutung hat die Lufthülle der Erde?**

2 **Warum wissen wir heute, dass die Erde eine Kugel ist?**

3 **Beschreibe einen Globus. Nutze dabei auch die Begriffe Nordpol, Südpol und Äquator.**

Arbeitsheft

Der Landeanflug der Raumfähre Discovery auf die Erde wird im Fernsehen übertragen. Ein Astronaut kommentiert die Bilder, die eine Kamera durch ein Fenster einfängt, live:
„Willkommen auf der Discovery. Bis zur Landung auf unserem blauen Planeten sind es jetzt noch 350 000 m. Die dünne, hellblaue Lufthülle um die Erde, die Sie jetzt sehen können, ist die Atmosphäre. Sie wird durch die Erdanziehung festgehalten. Jetzt dringen wir in die Erdatmosphäre ein. Es sind noch 100 000 m bis zur Erde. Die Außenhaut des Shuttles hat jetzt eine Temperatur von bis zu 2 500 °C.

Wir würden verglühen, wenn wir nicht unseren Hitzeschutzschild hätten. Die Atmosphäre schützt die Erde vor Meteoriteneinschlägen. Von der Erde aus können wir diese als Sternschnuppen beobachten. Manche Meteoriten erreichen aber auch die Erde.
Es sind jetzt nur noch 10 000 m bis zur Landung. Sehen Sie, wir durchfliegen erste Wolkenfelder. Ab jetzt gleiten wir wie ein Flugzeug zur Erde. Alles klar zur Landung."

M3 Die Raumfähre ist gelandet

Die Erde – Scheibe oder Kugel?

Früher glaubten die Menschen, die Erde sei eine Scheibe (M4). Zwar gab es schon im 6. Jahrhundert v. Chr. Wissenschaftler, die die Kugelgestalt der Erde vermuteten. Aber erst im 15. Jahrhundert konnten die Menschen davon überzeugt werden. Dazu trugen vor allem die Entdeckungsfahrten der großen Seefahrer, zum Beispiel die des Christoph Kolumbus, bei. Schließlich sind die Seefahrer nicht am Ende der Erdscheibe heruntergefallen, wie es sich damals viele Menschen vorgestellt hatten.

Heute können Astronauten vom Weltraum aus die Erde als Ganzes sehen. Der erste Mensch im Weltall, der in seinem Raumschiff die Erde umkreiste, war der Russe Juri Gagarin im Jahr 1961. Er meldete per Funk: „Ich sehe eine wunderschöne, blauweiße Kugel."

M4 Vorstellung von der Erde als Scheibe

Globus – die Erdkugel im Klassenzimmer

Schau dir den Globus doch einmal genauer an. Du erkennst die riesigen Wasserflächen der Ozeane und die Kontinente. Außerdem siehst du den Nordpol und den Südpol. Beide Pole sind beim Globus durch einen Stab verbunden. Dieser stellt die schräggestellte Erdachse dar.

Der Äquator teilt die Erde in zwei Halbkugeln, in die Nord- und die Südhalbkugel. Er ist rund 40 000 Kilometer lang. Wenn du jeden Tag 30 Kilometer laufen würdest, dann hättest du in ca. 1 335 Tagen (das sind mehr als 3,5 Jahre) die Erde umrundet.

www.mercateum.de

Nordpol

Nordhalbkugel

Südhalbkugel

Äquator

Südpol

568E_5

Erdachse

M5 Der Globus – verkleinertes Modell der Erde

M6 Der begehbare Globus in Schloss Gottorf bei Schleswig

Bewegungen des Planeten Erde und Folgen

Tag und Nacht auf der Erde

Aufgaben

1 Beschreibe deinen Tagesablauf. Erkläre, wie er durch den Wechsel von Tag und Nacht beeinflusst wird.

2 Führt ein Experiment zur Entstehung von Tag und Nacht durch. Nutzt dazu Globus und Tageslichtprojektor.

Unser Leben wird sehr stark durch den Wechsel von Tag und Nacht beeinflusst. Aber nicht überall auf der Erde lernen die Kinder zur gleichen Zeit in der Schule. Wenn ihr zum Beispiel am Nachmittag spielt, liegen die Kinder in Japan schon wieder im Bett. Gleichzeitig stehen die Kinder im Westen Amerikas gerade erst auf. Warum ist das so? Die Erde dreht sich in 24 Stunden einmal von West nach Ost um ihre eigene Achse. Dabei bestrahlt die Sonne immer nur eine Seite der Erde, dort ist dann Tag, auf der von der Sonne abgewandten Seite ist Nacht.

M1 Lisa und Jenny beim Experimentieren

Bericht aus dem Beobachtungsprotokoll:

Experiment: Entstehung von Tag und Nacht
Mit einfachen Mitteln haben wir den Wechsel von Tag und Nacht im Klassenzimmer nachvollzogen.
Hier unsere Beschreibung:
Als verkleinertes Modell unserer Erde verwendeten wir den Globus. Ein Projektor übernahm die Rolle der Sonne. Am schwierigsten war es dann aber, beides so auszurichten, dass tatsächlich eine Hälfte der Erdkugel von unserer „Sonne" beschienen wurde. Durch einen höhenverstellbaren und fahrbaren Gerätewagen konnten wir Abstand und Höhe anpassen (M1).
Dann drehten wir den Globus gegen den Uhrzeigersinn und beobachteten, auf welchen Kontinenten, in welchen Ländern und uns bekannten Städten die Menschen schlafen, während wir in der Schule lernen. Das machte richtig Spaß. Versucht es auch einmal.

Einmal im Jahr um die Sonne

Der Planet Erde führt noch eine zweite Bewegung durch: Er umkreist innerhalb eines Jahres einmal die Sonne. Mit einer Geschwindigkeit von rund 20 Kilometern in der Sekunde rast er durch das Weltall. Dass uns als Erdbewohnern dabei nicht schwindelig wird und wir nicht von der Kugel fallen, verdanken wir ihrer Anziehungskraft.

Bei der Umdrehung um die Sonne wird einmal mehr die Nordhalbkugel, dann wieder mehr die Südhalbkugel von der Sonne beschienen. Dadurch entstehen die Jahreszeiten.

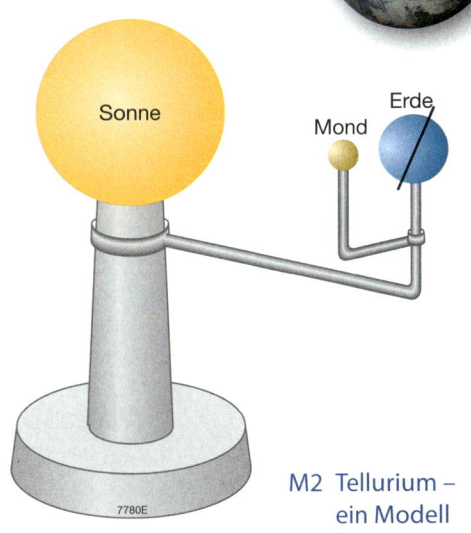

M2 Tellurium – ein Modell

M3 Im Gsiesertal (Alpen, Südtirol) im Februar …

Aufgaben

3 Beschreibe deine Freizeitgestaltung im Verlaufe eines Jahres. Denke dabei an den Wechsel der Jahreszeiten.

4 Vergleiche die beiden Fotos von M3 und M4. Erkläre die Unterschiede.

5 Für Geoexperten:
Führt ein Experiment zur Drehung der Erde um die Sonne durch. Nutzt den Globus und eine Lichtquelle.

M4 … und im Juni

Kontinente und Ozeane

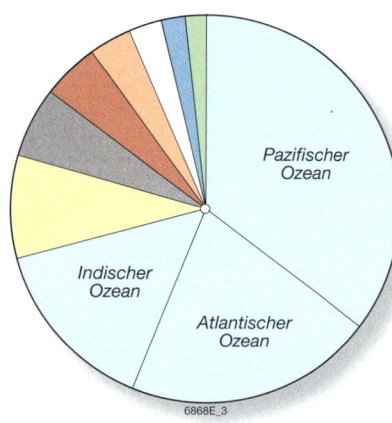

M1 Anteile der Ozeane und Kontinente an der Fläche der Erde (in Mio km²)

Woher die Kontinente ihren Namen haben

Afrika

Im heutigen Land Tunesien lebte einst ein Stamm mit dem Namen Afri. Die Römer nannten das Gebiet des Stammes Africa. Dieser Name wurde später für den ganzen Kontinent üblich.

Amerika

Der Seefahrer Amerigo Vespucci hatte Ende des 15. Jahrhunderts herausgefunden, dass die neu entdeckten Landmassen im Westen Europas nicht zu Asien gehören. Ihm zu Ehren nannte man diesen Doppelkontinent Amerika.

Antarktika

Im Norden, also im Bereich der Arktis, gibt es das Sternbild des Großen Bären. Bär heißt auf Griechisch arctos. Der Kontinent gegenüber der Arktis erhielt den Namen Antarktika.

Asien

Lange vor der Geburt Christi herrschten die Phönizier im Mittelmeerraum. Sie waren Seefahrer und Händler. Die Länder der aufgehenden Sonne im Osten nannten sie asu (= hell). Davon leitet sich Asien ab.

Europa

Die Länder der untergehenden Sonne im Westen bezeichneten sie als ereb (= dunkel). Daher kommt der Name Europa.

Australien

Australien ist ein südlicher Kontinent. Im Lateinischen heißt südlich australis.

Aufgaben

1 Nenne die Ozeane und Kontinente der Erde.

2 Erkläre den Namen von zwei Kontinenten.

3 Ordne die Ozeane und Kontinente nach ihrer Größe. Nutze dazu M1 und M2.

Arbeitsheft

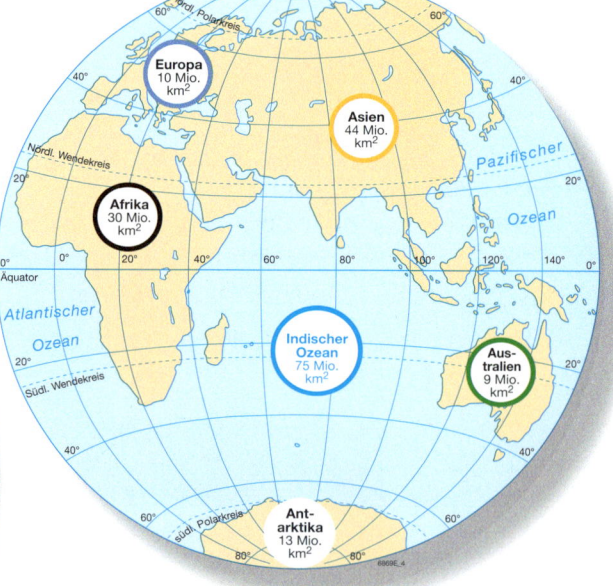

M2 Ozeane und Kontinente

Das wichtigste Arbeitsmittel im Fach Geographie

Der Aufbau des Atlas

Ein Atlas ist eine Sammlung unterschiedlicher Karten. Er besteht aus verschiedenen Teilen. Das sind:

Das Inhaltsverzeichnis
Auf den ersten Seiten findest du ein Verzeichnis aller Karten und die Angaben der Seiten, auf denen sie zu finden sind.

Der Kartenteil
An das Inhaltsverzeichnis schließt sich der Kartenteil an. In ihm findest du alle Karten. Sie sind nach Regionen geordnet.
Die Überschriften der einzelnen Karten benennen den Karteninhalt. Karten enthalten verschiedene Informationen, die durch Schrift, Flächenfarbe und Kartenzeichen dargestellt sind. Flächenfarben und Kartenzeichen sind am Rand erklärt. Diese Erklärung wird als Legende bezeichnet.

Das Register
Im Register findest du alle auf den Karten vorkommenden geographischen Objekte, zum Beispiel Länder, Städte, Flüsse, Seen, Landschaften, alphabetisch aufgelistet.

Kartenteil

Register

Inhaltsverzeichnis

So findest du ein geographisches Objekt im Atlas

1. Schlage den gesuchten Namen im Register des Atlas nach.

2. Merke dir die Angaben hinter dem Namen. Sie verweisen
   - auf die Seiten im Atlas,
   - manchmal auf eine Kartennummer,
   - auf das Planquadrat, in dem sich das gesuchte Objekt befindet.

3. Schlage nun die genannten Kartenseiten auf.

4. Suche das geographische Objekt im angegebenen Planquadrat.

	A	B	C	D	E	F	G
1							
2						F2	
3							
4							
5							
6							
7							

7682E

M3 Planquadrate

Aufgaben

4 Schlage im Atlas das Inhaltsverzeichnis auf. Gib die Seitenzahlen an, auf denen es sich befindet.

5 Nenne Seiten, auf denen du Karten über Deutschland findest.

6 Partnerarbeit: Nenne deiner Banknachbarin oder deinem Banknachbarn den Namen eines geographischen Objektes aus einer Atlaskarte. Mithilfe des Registers soll es möglichst schnell gefunden werden. Wechselt euch ab.

Arbeitsheft

Gebirge und Tiefländer

Die Oberfläche der Erde ist sehr vielgestaltig. Sie besteht aus felsigen Hochgebirgen, bewaldeten Mittelgebirgen, ausgedehnten Tiefländern und aus weit unter den Meeresspiegel reichenden Tiefseegräben. Zu den gewaltigsten Gebirgszügen auf der Erde zählen der Himalaya in Zentralasien, die Rocky Mountains an der Westküste Nordamerikas und die Anden an der Westküste Südamerikas.

Auch Europa wird von Hochgebirgen durchzogen. Dazu gehören die Alpen, die Pyrenäen, aber auch die Hohe Tatra. In den Gebirgen liegen die Quellen der meisten Flüsse, da dort sehr viel Niederschlag fällt. Die Tiefländer der Erde werden von großen Flüssen durchzogen. Der Amazonas in Südamerika, der Ob-Irtysch in Nordasien und die Wolga in Russland durchfließen die größten Tieflandsgebiete der Erde. Der längste Fluss ist der Nil im Nordosten Afrikas. In Westasien liegt der flächengrößte See der Erde, das Kaspische Meer. Der Baikalsee in Zentralasien ist der tiefste See und das Tote Meer der salzigste See der Erde.

M2 Erzgebirge – ein Mittelgebirge

M3 Totes Meer in Israel

M1 Amazonastiefland

M4 Hauptkette des Himalaya

Aufgaben

1 Nenne große Gebirge und Tiefländer der Erde.

2 Suche die Rekorde der Erde in der Karte von M6 auf. Ordne sie den Kontinenten zu.

Arbeitsheft

Rekorde der Erde

Rekorde faszinieren den Menschen. Auch unsere Erde weist eine Reihe von Bestmarken auf. Vielleicht kannst du Fragen nach dem längsten Fluss, dem tiefsten See oder höchsten Berg schon beantworten.

Die aufgeführten Rekorde kannst du in deinem Atlas aufsuchen.

Verzeichnis einiger Rekorde

Gebirge mit den höchsten Bergen	Himalaya	
Höchster Berg	Mount Everest	8 846 m
Tiefste Meeresstelle	Witjas-Tief	−11034 m
Tiefste Stelle der Landoberfläche	am Toten Meer	−418 m
Längstes Gebirge	Rocky Mountains/Anden	14 000 km
Längster Fluss	Nil	6 671 km
Tiefster See	Baikalsee	−1637 m
Größte Insel	Grönland	2,17 Mio. km²
Größte Halbinsel	Arabien	2,7 Mio. km²
Größter See	Kaspisches Meer	386 500 km²
Höchster tätiger Vulkan	Cotopaxi	5 897 km
Höchstgelegener schiffbarer See	Titicacasee	3 810 m

M5 Cotopaxi (5 897 m)

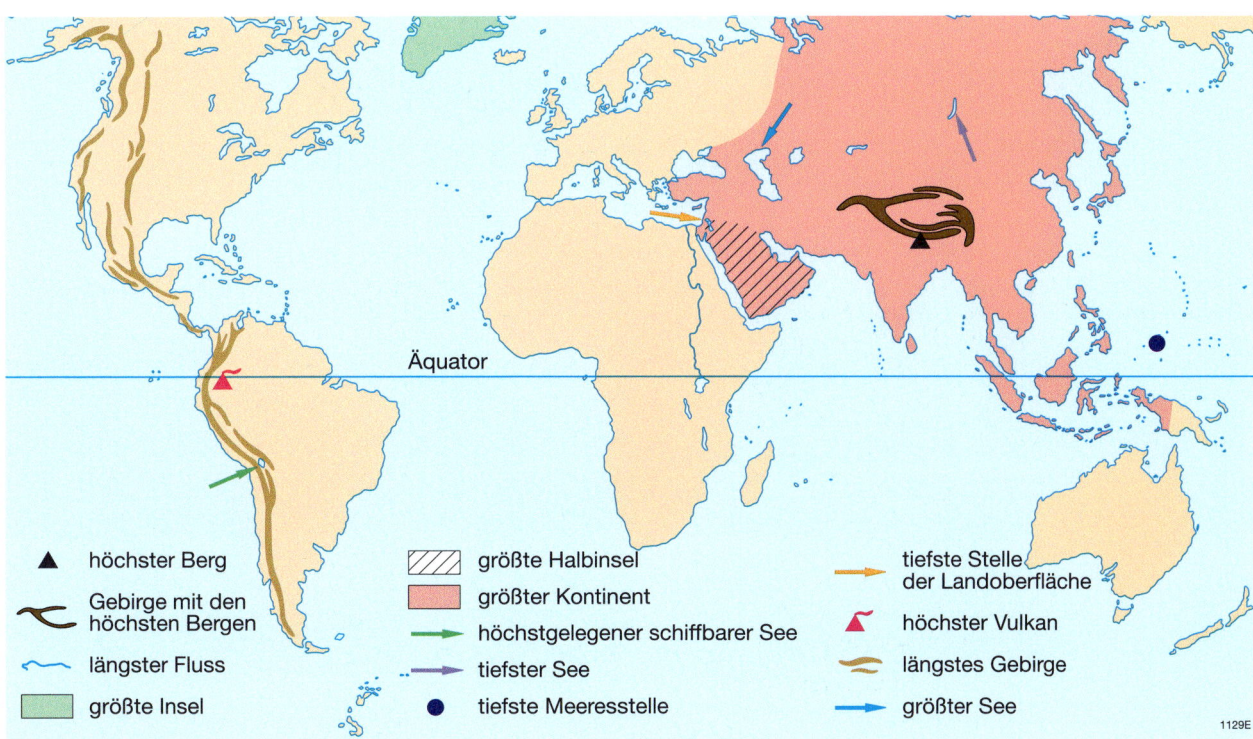

▲ höchster Berg	⬜ größte Halbinsel	➡ tiefste Stelle der Landoberfläche
~ Gebirge mit den höchsten Bergen	🟥 größter Kontinent	◤ höchster Vulkan
~ längster Fluss	➡ höchstgelegener schiffbarer See	~ längstes Gebirge
🟩 größte Insel	➡ tiefster See	
	● tiefste Meeresstelle	➡ größter See

1129E

M6 Rekorde der Erde

Lebensräume der Menschen

Vielfalt des menschlichen Lebens

Aufgaben

1 Sammle Bilder, die das unterschiedliche Leben der Menschen auf der Erde zeigen. Beschreibe sie.

2 Nenne die drei großen Zonen der Erde. Beschreibe ihre Merkmale.

Arbeitsheft

Die Kinder auf der Erde unterscheiden sich in ihrem Aussehen, in ihrer Lebensweise und in ihrem Freizeitverhalten. Wie sie wohnen, sich kleiden und was sie essen, hängt auch von den natürlichen Verhältnissen ab. Die Erde lässt sich in große Zonen einteilen, die sich rund um den Erdball spannen:

Die polare Zone, auch kalte Zone genannt, breitet sich um die beiden Pole der Erde aus. Die Niederschläge fallen meist als Schnee. Große Gletscher und Schneefelder dehnen sich aus.

Die gemäßigte Zone ist unser Lebensraum. Hier wechseln sich vier Jahreszeiten ab. Die meisten Pflanzen werfen im Herbst ihr Laub ab.

Die tropische Zone breitet sich nördlich und südlich des Äquators aus. Das ganze Jahr über herrschen hohe Temperaturen.

Leben in der gemäßigten Zone
Du kannst sicher selbst das Leben in dieser Zone beschreiben. Immerhin leben wir darin. Das Jahr teilen wir ein in vier Jahreszeiten. Welche davon magst du besonders? Weder zu heiß noch zu kalt ist es bei uns für das Pflanzenwachstum. Außerdem fallen zu jeder Jahreszeit Niederschläge. Deshalb liegen in der gemäßigten Zone auch einige der wichtigsten Landwirtschaftsgebiete auf der Erde.

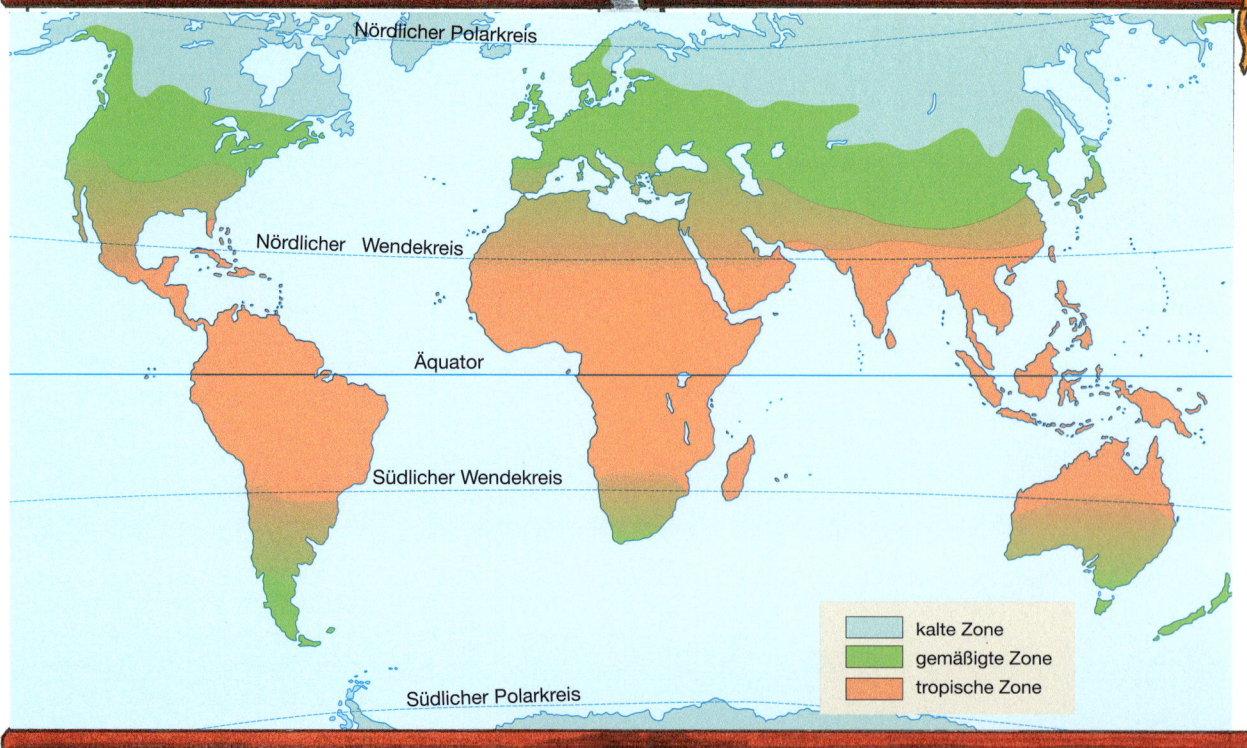

Nördlicher Polarkreis

Nördlicher Wendekreis

Äquator

Südlicher Wendekreis

Südlicher Polarkreis

kalte Zone	
gemäßigte Zone	
tropische Zone	

M1 Zonen der Erde

In der polaren Zone

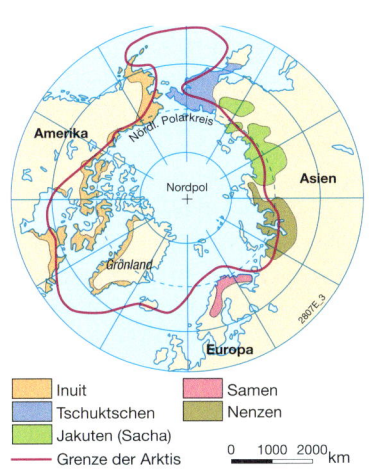

M2 Völker der Arktis

M3 Inuitdorf im Norden Kanadas

M4 Inuit-Kinder

Leben in den Polargebieten

Zu den Polargebieten gehören die Arktis und die Antarktis. Sie breiten sich rund um den Nordpol und Südpol aus. In beiden Regionen ist es kalt. Weite Flächen sind ganzjährig von Eis und Schnee bedeckt. Die Menschen, die hier ständig oder zeitweise leben, haben sich an die Naturbedingungen angepasst.

So lebten die Inuit, ein Volk im Norden Amerikas, früher von dem, was sie selbst herstellten. Die Männer gingen auf die Jagd nach Pelztieren, Robben und zum Fischen. Die Frauen fertigten warme Kleidung an und bereiteten das Essen. Eine Schule gab es nicht. Die Kinder lernten das Lebensnotwendige in ihren Familien.
Heute hat sich das Leben der Inuit völlig verändert. Sie wohnen in festen Häusern, ausgestattet mit Heizung und Satellitenfernsehen. Ihre Nahrungsmittel kaufen sie im Supermarkt. Die Kinder besuchen Schulen. Dort lernen sie nicht nur ihre Muttersprache, sondern auch Fremdsprachen.

Bio

M5 Forschungsstation in der Antarktis (Modell)

Aufgaben

3 Auf welchen Kontinenten leben die Inuit, die Samen und die Tschuktschen (M2, Globus)?

4 Beschreibe, wie sich das Leben der Inuit verändert hat.

In der tropischen Zone

Leben in der Wüste

M1 Mit dem Kamel durch die Wüste

Nur Sand und Steine. Die Luft flimmert vor Hitze. Es scheint, als gäbe es hier kein Leben. Aber im Boden warten Pflanzensamen nur auf etwas Regen. Wenn er fällt, verwandelt sich die Wüste in eine blühende Landschaft. Auch Tiere wie Schlangen und Skorpione haben sich an die Trockenheit angepasst. Ein wahres Wundertier der Wüste ist das Kamel. Jahrhundertelang boten diese „Wüstenschiffe" die einzige Möglichkeit, Waren zuverlässig entlang von Karawanenstraßen durch Wüsten zu transportieren. Selbst bei heftigen Sandstürmen verlieren sie nicht die Orientierung und erreichen sicher Schatten spendende Oasen. Mittlerweile werden Waren auch per LKW transportiert. Das kann aber nur dort geschehen, wo es Straßen durch die Wüste gibt bzw. wo Oasen an das Straßennetz angeschlossen sind.

M2 Die Grundwasseroase El-Golea (Algerien)

Info

Oasen – grüne Inseln in der Wüste

Besonders in Oasen wird deutlich: Wasser ist Leben. Oasen werden durch Wasser aus dem Boden oder aus Flüssen gespeist. Man spricht daher von Grundwasseroasen und Flussoasen. Dadurch können in der Wüste Pflanzen wachsen. Die Bewohner bewässern kleine Felder, auf denen Gemüse und Getreide angebaut werden. Der „Lebensbaum" der Oasen ist die Palme. Sie spendet Schatten. Stamm, Blätter und Früchte können vielfältig verarbeitet werden.

Die Behausungen der Oasenbewohner sind meist flach und haben nur kleine Fenster. Sie stehen zumeist am Rand der Oase. Früher gehörte zu jeder Oase eine Karawanserei, in der die Karawanen Rast machen konnten. Heute sind viele Oasen bereits an das Straßennetz angeschlossen.

Aufgaben

1 „Wasser ist Leben." Beweise diese Aussage.

2 Berichte über das Leben in den Oasen.

Leben im tropischen Regenwald

Beiderseits des Äquators erstrecken sich ausgedehnte immergrüne tropische Regenwälder. Sie werden unterschiedlich beschrieben: Einerseits als „grüne Hölle" mit einem Klima wie im Treibhaus, fast undurchdringlich und voll von beißenden Insekten und giftigen Schlangen. Andererseits sind es beeindruckende Naturparadiese.

Im Amazonas-Regenwald leben die Yanomami, ein Indianerstamm. Die Männer jagen noch mit Pfeil und Bogen Tiere des Waldes. Dagegen sammeln die Frauen Früchte und Pilze. Auf kleinen Feldern bauen die Yanomami Mais, Maniok (eine Süßkartoffel) oder Bananen an. Die Kinder lernen heute in Schulen Lesen und Schreiben. Das Wissen ihrer Vorväter über die Natur sowie die traditionellen Arbeitsweisen gehen immer mehr verloren.

In allen tropischen Regenwäldern auf der Erde ist das Leben der Menschen und Tiere stark gefährdet. Wälder werden abgeholzt oder Bodenschätze gefördert und so die Natur zerstört.

M3 Leben am Amazonas

M4 Gefährdeter Orang-Utan
    im Regenwald Indonesiens

Aufgaben

3 Beschreibe die Lage der tropischen Regenwälder (Text, Atlas).

4 Vergleiche das Leben der Yanomami-Indianer mit deinem.

**www.geolino.de/
regenwaldvoelker**

M5 Schule im Amazonas-Regenwald

M6 Maniokernte im Regenwald Afrikas

Naturereignisse und Folgen

M1 Elbhochwasser in Dresden 2002

Sehr oft erreichen uns Meldungen über Naturereignisse wie Vulkanausbrüche, Erdbeben und Tsunamis, aber auch Stürme, Starkregen, Hochwasserfluten, Bergrutsche, Lawinen oder Waldbrände. Sie zeigen uns, dass enorme Kräfte im Erdinneren und auf der Erdoberfläche wirken.

Naturereignisse können in unmittelbarer Nähe zu menschlichen Siedlungen auftreten. Dann werden sie für die Menschen zu Naturkatastrophen. Es entstehen jedes Jahr Sachschäden in Milliardenhöhe und viele Menschen werden verletzt oder verlieren sogar ihr Leben.

Bis heute ist es in den meisten Fällen noch nicht möglich, das Eintreten von Naturereignissen genau vorherzusagen. Der Mensch kann in den gefährdeten Gebieten zahlreiche Schutzmaßnahmen ergreifen.

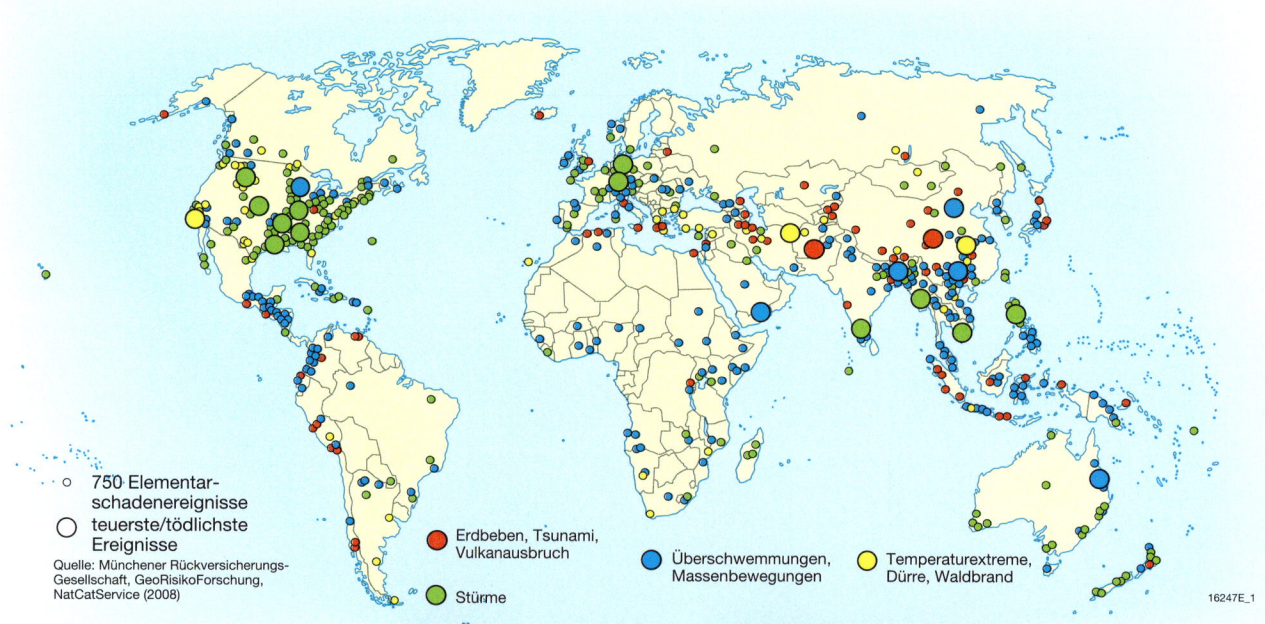

○ 750 Elementarschadenereignisse
◯ teuerste/tödlichste Ereignisse

Quelle: Münchener Rückversicherungs-Gesellschaft, GeoRisikoForschung, NatCatService (2008)

● Erdbeben, Tsunami, Vulkanausbruch

● Überschwemmungen, Massenbewegungen

● Temperaturextreme, Dürre, Waldbrand

● Stürme

16247E_1

M2 Weltkarte der Naturkatastrophen

Aufgaben

1 Unsere Erde ist ein unruhiger Planet. Nenne Beispiele.

2 Wann werden Naturereignisse zu Naturkatastrophen?

3 Ermittle aus der Weltkarte M2 Gebiete, in denen 2008 viele Naturkatastrophen auftraten.

M3 Schäden durch Tornados

M4 Waldbrände in Australien

Ein Mittel zum Veranschaulichen

So geht ihr vor

1. **Thema formulieren**
   Formuliert ein Thema, zu dem ihr eine Wandzeitung erstellen wollt.

2. **Material beschaffen**
   Beschafft euch Materialien über das Thema. Informationen findet ihr in Zeitschriften, Zeitungen, Lexika oder im Internet.

3. **Material bearbeiten und Beiträge anfertigen**
   Fertigt Kopien von Materialien an. Schreibt kurze Texte zum Thema. Die Überschriften für die Wandzeitung solltet ihr besonders groß auf farbiges Papier schreiben.

4. **Wandzeitung erstellen**
   Besorgt euch einen Bogen Karton oder Tapete und legt die Darstellungen darauf. Klebt diese anschließend auf. Weitere Hinweise oder Verbindungslinien zwischen Texten und Bildern könnt ihr direkt einzeichnen.

5. **Wandzeitungen präsentieren**
   Schreibt eure Namen auf die Wandzeitung und hängt sie an einer freien Stelle im Klassenraum oder an einer Stellwand auf. Stellt eure Ergebnisse den anderen Mitschülern vor.

Aufgabe

4 Gestaltet eine Wandzeitung zu einer Naturkatastrophe. Geht dabei nach der Schrittfolge vor.

Erdrutsch in Nachterstedt

in Sachsen-Anhalt

Der Erdrutsch von Nachterstedt

Über die Ursache gibt es nur Spekulationen:
- ein eingefallener Stollen
- ein Erdbeben

Flutung eines Tagebaurestlochs

18.07.09 – Erdrutsch in Nachterstedt:
- Häuser, die ganz vorne standen, im Abgrund verschwunden
- drei Menschen im Schlammkrater begraben
- Menschen aus weiteren Häusern evakuiert

Folgen:
- 41 Menschen wurden obdachlos. Sie haben ihr Zuhause verloren.
- Menschen starben – ein Ehepaar und ein Nachbar.
- 10 Gebäude sind nicht bewohnbar.

M5 Eine von Schülern erstellte Wandzeitung

Kunst

1 Unser Sonnensystem

Ergänze die Begriffe Planet, Stern, Trabant und übertrage den Text in dein Heft:
„Der Mond ist ein……. der Erde. Die Erde ist ein……. der Sonne.
Die Sonne ist ein…….. der Milchstraße."

Kleines Himmelslexikon

Stern: eine glühende Gaskugel, die ihr Licht in den Weltraum strahlt
Sonne: ein Stern in der Milchstraße und Zentrum unseres Sonnensystems
Milchstraße: ein Sternenhaufen im Weltall
Trabant: umkreist einen Planeten auf einer Umlaufbahn

2 Wahrheit oder Lüge?

Berichtige, falls nötig.
a) Es gibt auf der Erde zwei Punkte, von denen aus jeder Weg entweder nur nach Norden oder nur nach Süden führt.
b) Die zehn Planeten liegen wie Inseln im Meer.
c) Es gibt mehr Landfläche als Wasserfläche auf der Erde.
d) Die Erdachse teilt die Erde in eine Nordhalbkugel und eine Südhalbkugel.

23,5° N
Nördlicher Polarkreis
Nördlicher Wendekreis
Äquator
Südlicher Wendekreis
Südlicher Polarkreis
Atmosphäre
1918E

3 Sonne und Erde – Für Geoexperten

a) Ist bei dieser Darstellung in Europa Tag oder Nacht? Begründe.
b) Am Äquator herrscht praktisch das ganze Jahr Sommer. Erkläre.
c) Weshalb ist es an den Polen kälter als am Äquator?
d) Weshalb gibt es auf der Erde unterschiedliche Zeiten?

4 Kontinente und Ozeane

a) Sortiere den Buchstabensalat und
nenne die Namen der Kontinente.

AEINS

AADEIKMNORR

AEROPU

AAEILNRSTU

AAFIKR

AADIKMRSÜE

AAAIKKRTTN

b) Ordne jedem Erdteil ein Bild zu,
begründe.

c) Notiere die Namen der drei
Ozeane der Größe nach.

d) Warum befindet sich der größte
Ozean zwei Mal auf der Weltkarte?

Das kannst
du jetzt:

– die Kugelgestalt der Erde beschreiben ,
– mithilfe des Globus die Drehung der Erde
  um sich selbst und um die Sonne
  darstellen,
– die Kontinente und Ozeane sowie wichtige
  Gebirge und Tiefländer nennen, im Atlas
  auffinden und ihre Lage beschreiben,
– die Vielfalt des Lebens der Menschen in
  unterschiedlichen Zonen mithilfe von
  Bildern beschreiben,
– aktuelle Naturereignisse nennen und ihre
  Folgen beschreiben.

**Du kannst dabei folgende Fachbegriffe
anwenden:**
Nordpol, Südpol, Äquator, Kontinent, Ozean

Am Ende dieses Kapitels kannst du:

– die Oberflächenformen und das
  Gewässernetz von Deutschland
  beschreiben,
– die Bundesländer und verschiedene Wirtschaftsgebiete nennen
  und ihre Lage beschreiben,
– mit unterschiedlichen Kartenarten
  und Kartenskizzen arbeiten.

M1 Berlin

Deutschland und seine Nachbarn

Deutschland

Dänemark

Niederlande

Luxemburg

Belgien

Frankreich

Schweiz

Österreich

Tschechien

Polen

M1 Nationalflaggen

Deutschland liegt annähernd in der Mitte von Europa. Insgesamt grenzen neun Länder direkt an Deutschland, es hat also neun Nachbarländer. Von Schweden, Finnland und den baltischen Staaten trennt uns die Ostsee, von Großbritannien die Nordsee. Diese Staaten zählt man daher nicht zu Deutschlands Nachbarn.

Jedes Nachbarland hat wie Deutschland auch eine eigene Nationalflagge und ein eigenes Nationalkennzeichen. Einige davon hast du vielleicht schon auf deinen Urlaubsreisen gesehen.

Liebe Grüße
Die Grachten in Amsterdam

Amsterdam

Die Meerjungfrau von Kopenhagen

2

Kopenhagen

1

Berlin

10

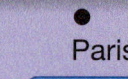

Brüssel

Liebe Grüße aus Luxemburg

9

8
Luxemburg

Prag

4

Das Atomium in Brüssel

Paris

7

Paris, die Stadt der Liebe

6
Bern

Wien

5

Die Bern-Arkaden

15129E_1

Viele Länder, viele Eindrücke

Tom hat bisher nur selten Urlaub außerhalb von Deutschland gemacht. Da es ihn aber interessiert, wie es bei unseren Nachbarn so aussieht, hatte er eine Idee. Er bat alle aus seiner Familie und viele Bekannte, dass sie ihm von ihren Reisen in Deutschlands Nachbarländer eine Postkarte schreiben.

Es hat zwar eine ganze Zeit gedauert, aber mittlerweile hat Tom Ansichtskarten aus den Hauptstädten aller angrenzenden Staaten zusammen. Für dich hat er sie einmal alle zusammen aufgehängt.

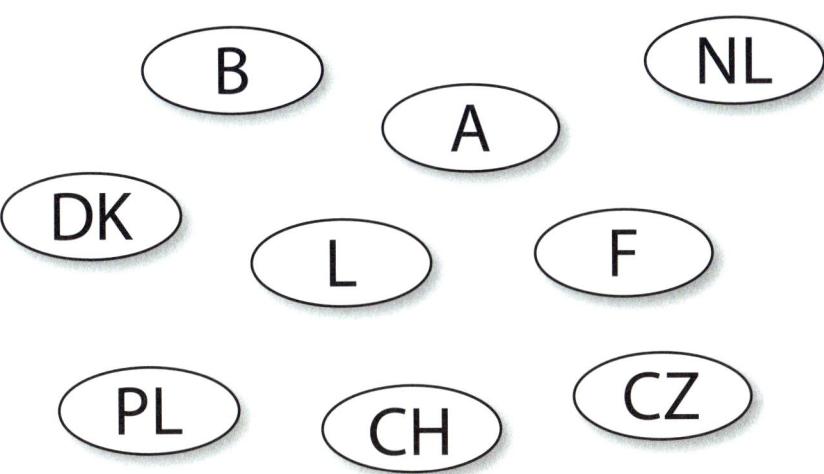

M3 Nationalkennzeichen

Warschau

Land	Fläche in km²	Einwohner in Mio. (2008)
Deutschland	357 114	82,2
Dänemark	43 100	5,5
Polen	312 700	38,1
Tschechien	78 900	10,2
Österreich	83 900	8,2
Schweiz	41 300	7,6
Frankreich	544 000	62,2
Luxemburg	2 600	0,5
Belgien	32 500	10,4
Niederlande	41 500	16,6

M4 Deutschland und seine Nachbarländer

M2 Toms Postkartensammlung aus Deutschlands Nachbarländern

Aufgaben

1 Benenne mithilfe von M2 und dem Atlas Deutschlands Nachbarländer.

2 Nenne die drei flächengrößten und drei flächenkleinsten Nachbarländer.

3 Ordne die Flaggen (M1) und Nationalkennzeichen (M3) den Nachbarländern Deutschlands zu.

Arbeitsheft

Bundesländer Deutschlands

Bundesland	Fläche in km²	Einwohner in Mio. (2008)
Baden-Württemberg	35 800	10,7
Bayern	70 600	12,5
Berlin	890	3,4
Brandenburg	29 500	2,5
Bremen	400	0,7
Hamburg	760	1,8
Hessen	21 100	6,1
Mecklenburg-Vorpommern	23 200	1,7
Niedersachsen	47 600	8,0
Nordrhein-Westfalen	34 100	18,0
Rheinland-Pfalz	19 800	4,0
Saarland	2 600	1,0
Sachsen	18 400	4,2
Sachsen-Anhalt	20 400	2,4
Schleswig-Holstein	15 800	2,8
Thüringen	16 200	2,3
Deutschland ges.	357 144	82,4

M1 Bundesländer: Einwohner und Größe

M2 Bundesländer der Bundesrepublik Deutschland

Aufgaben

1 Ordne die 16 Bundesländer nach ihrer Größe (M1).

2 Nenne die Nachbarbundesländer von Sachsen-Anhalt. Nutze dazu M2.

3 Nenne die drei bevölkerungsreichsten Bundesländer (M1).

4 Wähle drei Rekorde Deutschlands aus. Suche sie im Atlas auf und beschreibe ihre Lage.

Arbeitsheft

Info

Deutschland

Deutschland ist ein Bundesstaat. Er besteht aus 16 Bundesländern. Die Hauptstadt von Deutschland ist Berlin. Jedes Bundesland hat eine eigene Hauptstadt, einen Landtag und eine Landesregierung.

Rekorde Deutschlands

- höchster Berg: Zugspitze in den Alpen (2 962 m)
- längster Fluss: Rhein (865 km auf deutschem Gebiet)
- größter See: Bodensee im Alpenvorland (306 km² auf deutschem Gebiet)
- größte Insel: Rügen in der Ostsee (9 30 km²)
- größte Stadt: Hauptstadt Berlin (3,4 Mio. Einwohner)
- größtes Wirtschaftsgebiet: Ruhrgebiet

Deutschland ist eine Reise wert

Sophie hat im letzten Sommer eine Rundreise durch Deutschland unternommen. Dabei hat sie die Vielfältigkeit ihres Heimatlandes kennengelernt. Die Reise begann in Halle an der Saale. Ihre erste Station war der Belantispark bei Leipzig. Anschließend fuhr Sophie mit der Brockenbahn zum höchsten Gipfel Sachsen-Anhalts. Von dort ging es nach München. Hier stand ein Besuch der Allianzarena auf dem Programm. Über Stuttgart und Frankfurt am Main erreichte sie Köln, wo schon von weitem der Kölner Dom grüßte. Nach kurzem Aufenthalt ging es an die Nordseeküste und weiter an die Ostseeküste. Es interessierte sie zum Beispiel sehr, wie man auf die Insel Rügen gelangt und ob das Wasser der Ostsee auch so salzig ist wie das der Nordsee. Endpunkt ihrer Reise war dann Berlin, die Hauptstadt Deutschlands. Hier gab es viel zu sehen (vgl. auch S. 116 - 119).

So gehst du vor

1. Mach dir die Aufgabenstellung klar.

2. Lies den Text einmal zur Orientierung durch.

3. Formuliere zum Text passende Fragen.

4. Lies den Text nochmals gründlich unter den entsprechenden Fragestellungen durch. Ermittle Schlüsselwörter.

5. Gib den Inhalt des gesamten Textes mit eigenen Worten wieder.

Das kann mündlich geschehen oder schriftlich, indem ein Text verfasst wird oder auch, indem du den Inhalt in eine andere Form bringst. Du kannst ein Bild oder auch eine Gedankenkarte zeichnen (M3).

M3 Gedankenkarte zum oben stehenden Text

Aufgaben

5 Bearbeite den Text und orientiere dich dabei an der Schrittfolge für die Textarbeit.

6 Was könnte sich Sophie in Frankfurt, Hamburg und Berlin angesehen haben (M3 und Atlas, Internet)?

Oberflächenformen Deutschlands

M1 Im Tiefland mit der Küste

M2 Im Mittelgebirge

Innerhalb Deutschlands lassen sich von Norden nach Süden vier Oberflächenformen unterscheiden: das Tiefland mit der Küste, das Mittelgebirgsland, das Vorland vor dem Hochgebirge und das Hochgebirge.

Das Tiefland erstreckt sich von der Küste bis zu den Mittelgebirgen. Seine Oberflächenformen sind überwiegend flach und weisen nur geringe Höhenunterschiede auf. Im Süden wird das Tiefland von der 200-Meter-Höhenlinie begrenzt.

M4 Von der Küste bis zum Hochgebirge – ein Querschnitt

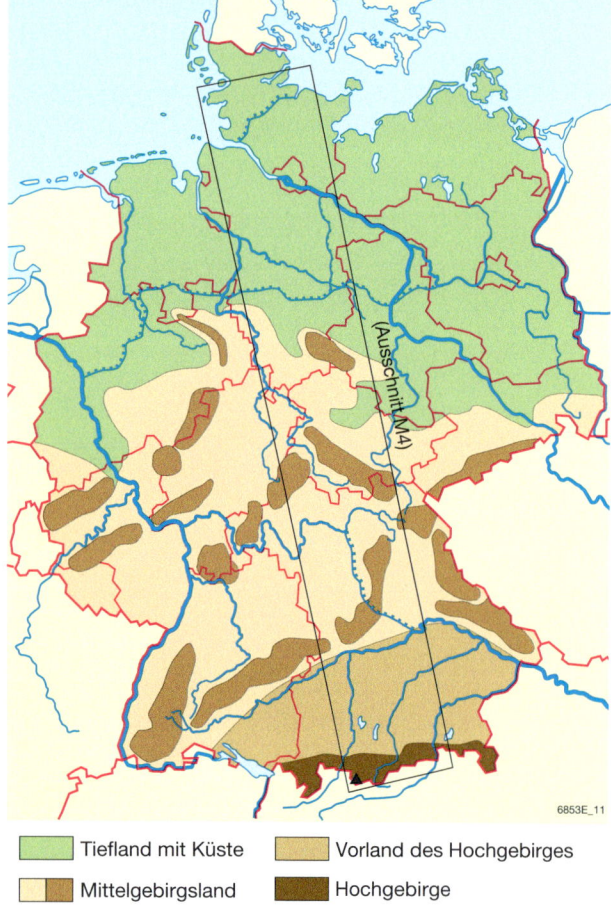

(Ausschnitt M4)

6853E_11

Tiefland mit Küste

Vorland des Hochgebirges

Mittelgebirgsland

Hochgebirge

Ländergrenzen

0   100 km

M3 Naturräumliche Großgliederung

N

Kiel

Nord-Ostsee-Kanal

Elbe

Aller

2982E_2

Tiefland mit Küste

50   100   200

M5 Im Vorland des Hochgebirges

M6 Im Hochgebirge

Bewaldete Höhenzüge und viele Täler prägen die abwechslungsreichen Landschaften des Mittelgebirgslandes. Einzelne Berge erreichen Höhen bis 1 500 Meter.

Südlich der Donau beginnt das Vorland des Hochgebirges, das Alpenvorland. Die sanft gewellte Landschaft steigt bis zum Hochgebirge, den Alpen, auf etwa 700 Meter Höhe an.

Das Hochgebirge bildet die Südgrenze Deutschlands. Die Höhenunterschiede sind groß: schroffe Berge, tief eingeschnittene Täler, schneebedeckte Gipfel und Höhen über 1 500 Meter sind für die Alpen als Hochgebirge kennzeichnend.

Aufgaben

1 Nenne die vier Oberflächenformen, an denen Deutschland Anteil hat und beschreibe ihre Merkmale.

2 Ermittle mithilfe M3 und des Atlas,
   – an welchen Oberflächenformen Sachsen-Anhalt Anteil hat,
   – durch welche Oberflächenformen der Rhein fließt,
   – welcher Fluss das Mittelgebirgsland vom Hochgebirgsvorland trennt.

Arbeitsheft

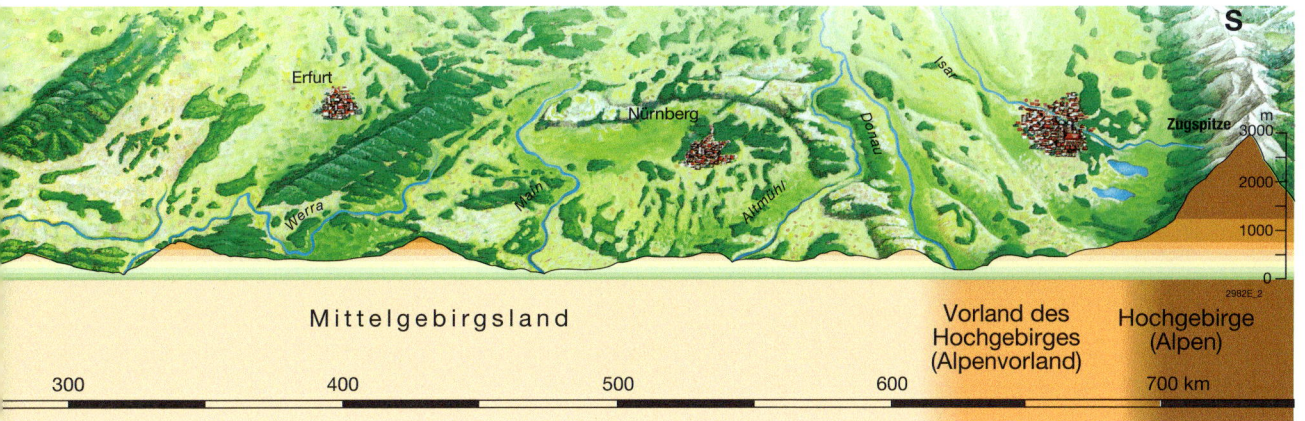

Gewässernetz Deutschlands

Info

Die größten Gewässer Deutschlands

Die längsten Flüsse:

Rhein   865 km (1 320 km)
Oder   750 km   (866 km)
Elbe   727 km (1 091 km)
Donau   647 km (2 888 km)
(in Klammern steht die Gesamtlänge)

Die größten natürlichen Seen:

Bodensee*   306 km²
Müritz   109 km²
Chiemsee   79,9 km²
Schweriner See   61,5 km²
Starnberger See   56,4 km²

*(auf deutschem Gebiet, insgesamt 536 km²)

Deutschland ist reich an Flüssen und Seen. Wie ein Netz überziehen diese Gewässer das gesamte Landesgebiet. Deshalb spricht man von einem Gewässernetz.

Die bedeutendsten Flüsse sind Rhein, Elbe, Oder und Donau mit ihren zahlreichen Nebenflüssen. Aus den Gebirgen kommend fließen sie vor allem durch das Norddeutsche Tiefland, um in Ost- oder Nordsee zu münden. Eine Ausnahme bildet die Donau, die nach Osten abfließt und in das Schwarze Meer mündet. Ihre Fließrichtung haben die Flüsse am Ende der letzten Eiszeit (vor ca. 10 000 Jahren) erhalten, als das Schmelzwasser der gewaltigen Gletscher in großen Strömen abfloss. Auch die Lage der größten natürlichen Seen lässt sich mit der Eiszeit erklären.

Sie befinden sich insbesondere im Norddeutschen Tiefland und im Alpenvorland. Hier schufen die Gletscher Vertiefungen, in denen sich das Schmelzwasser sammelte. Heute sind die Seen beliebte Erholungsgebiete.

Um die Flüsse und Seen für den Schiffsverkehr durchgängig nutzen zu können, wurden Kanäle, Schleusen und Schiffshebewerke gebaut.

Viele Teile der deutschen Fluss- und Seenlandschaften stehen unter Naturschutz.

Neben natürlichen Seen gibt es auch künstliche, vom Menschen angelegte Seen. Dazu gehören Stauseen oder mit Wasser gefüllte Restlöcher, die durch den Abbau von Braunkohle oder Kies entstanden sind.

M1 Das Gewässernetz von Sachsen-Anhalt

M2 Wasserstraßenkreuz Magdeburg

Wo kommt der See bloß her?

Jan

Anne

Ich fahre mit meinen Eltern an die Müritz. Dort zelten wir wieder.

Meine Familie will am Arendsee Urlaub machen und baden.

Mit meiner Surfer-Sportgruppe trainiere ich am Cospudener See.

Julia

Die Müritz ist ein See im Bundesland Mecklenburg-Vorpommern. Sie ist natürlich entstanden. Riesige Gletscher schürften während der letzten Eiszeit die Erdoberfläche aus. Es entstand ein Becken. Als das Eis taute, blieb das Schmelzwasser zurück. Durch Flüsse ist die Müritz mit anderen Seen verbunden.

Der Arendsee ist der größte natürliche See Sachsen-Anhalts. Er wird als die „Perle der Altmark" bezeichnet. Hier erholen sich viele Menschen. Entstanden ist der See durch das Auflösen von Salz im Untergrund, wodurch sich gewaltige Hohlräume bildeten. Die Erdoberfläche brach bis zu 50 m tief ein.

Der Cospudener See, südlich von Leipzig gelegen, ist ein künstlich angelegter See. Bis in die 1990er-Jahre wurde dort Braunkohle im Tagebau gefördert. Heute ist er ein Wassersport- und Erholungsgebiet. In deiner Freizeit kannst du im Sommer an einem Surfkurs teilnehmen. In der Nähe liegt der Belantis-Park.

www.bodensee.eu
www.deutsche-donau.de

M3 Der Bodensee – Deutschlands größter See

Aufgabe

1 Beschreibe das Gewässernetz von Deutschland und von Sachsen-Anhalt.

Arbeitsheft

Weltraumbild und physische Karte

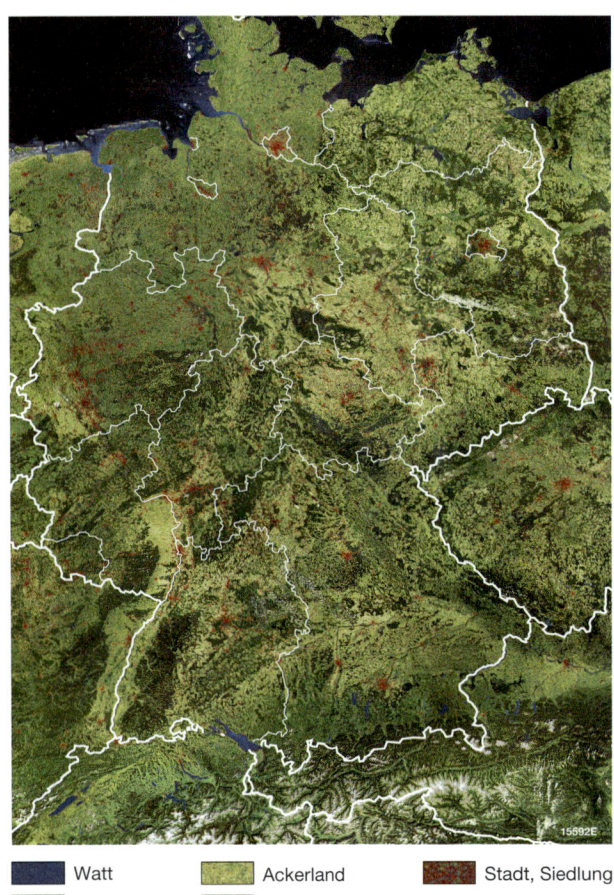

Watt | Ackerland | Stadt, Siedlung
Grünland | Hochgebirge

M1 Weltraumbild (Satellitenbild) von Deutschland

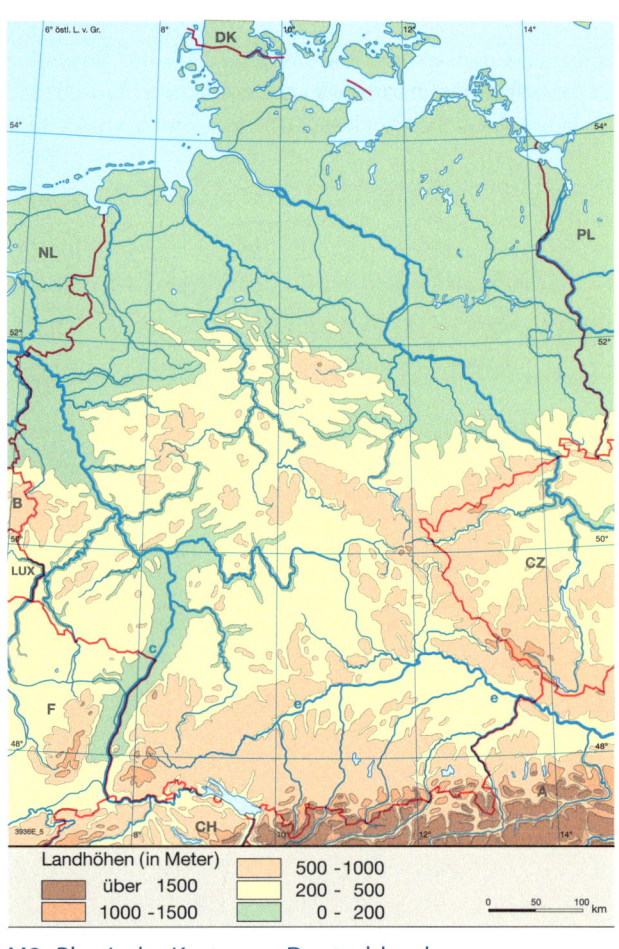

Landhöhen (in Meter)
über 1500 | 500 - 1000
1000 - 1500 | 200 - 500
| 0 - 200

0   50   100 km

M2 Physische Karte von Deutschland

Info

Weltraumbild

Ein Erderkundungssatellit umkreist in einer Höhe von ca. 700 Kilometern ständig unseren Planeten. Er macht dabei viele Aufnahmen von der Erde, so auch von Deutschland.

Info

Physische Karte

Eine physische Karte zeigt dir unter anderem die Landhöhen, die Verbreitung der Oberflächenformen, den Verlauf von Flüssen, die Lage von Seen, von Orten und den Verlauf von Grenzen.

Eine physische Karte lesen

METHODE

Von Höhenlinien und Höhenschichten

In einer Karte werden die Landhöhen und die Formen der Berge auf verschiedene Weise dargestellt. Höhenlinien verbinden die Punkte, die in gleicher Höhe über dem Meeresspiegel liegen. Du erkennst, wie hoch das Gelände ist. An besonders wichtigen Stellen wird die Höhe durch einen Punkt oder ein kleines Dreieck gekennzeichnet. Oft ist die Höhenzahl daneben geschrieben. Höhenschichten sind Flächen zwischen zwei Höhenlinien. Sie werden farbig ausgemalt. Es entstehen Farbstufen. Tiefland wird in Grün dargestellt. Mit zunehmender Höhe wechselt die Farbe über Gelb nach Braun.

So gehst du vor

1. **Thema erfassen**
   - Über- oder Unterschrift lesen

2. **Legende lesen**
   - Kartensymbole und Farben entschlüsseln

3. **Karteninhalt beschreiben**
   - Elemente benennen, ihre Verbreitung oder Häufigkeit beschreiben, auch die Lage von Orten beschreiben

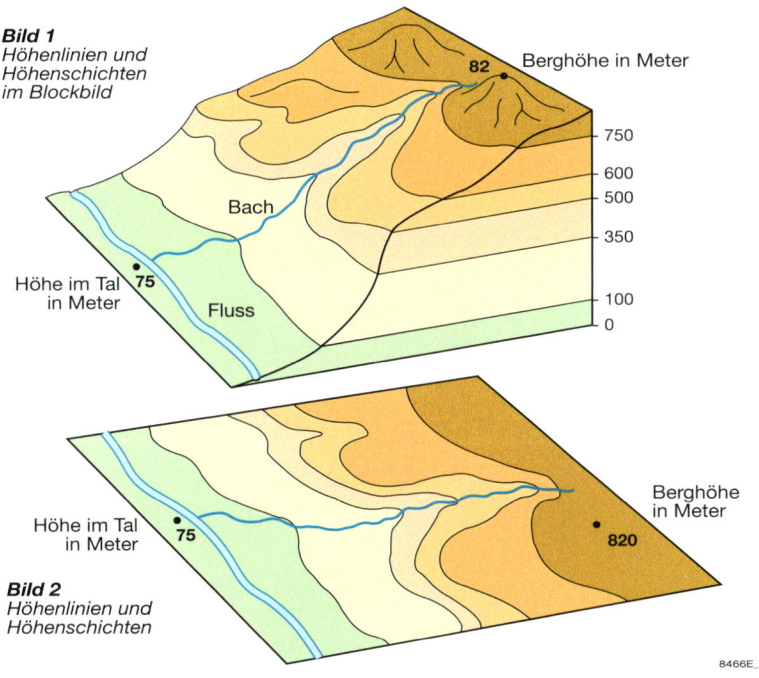

Bild 1
Höhenlinien und Höhenschichten im Blockbild

Berghöhe in Meter — 82

750
600
500
350
100
0

Bach

Höhe im Tal in Meter — 75

Fluss

Bild 2
Höhenlinien und Höhenschichten

Höhe im Tal in Meter — 75

Berghöhe in Meter — 820

8466E_7

M3 Höhendarstellungen

Aufgaben

1 Lies die physische Karte (M2) nach der Schrittfolge.

2 Vergleiche das Weltraumbild mit der physischen Karte. Wähle dazu geographische Objekte aus (zum Beispiel Harz, Berlin, Elbemündung, Bodensee, Insel Rügen, Alpen).

Das Kartoffelexperiment

Teile dazu eine Kartoffel in der Mitte, sodass die eine Hälfte einem Berg oder Fels gleicht. Zur besseren Markierung stecke noch eine Stecknadel von oben durch die Kartoffel. Schneide dann die Kartoffelhälfte in gleichdicke Scheiben. Trockne diese Scheiben auf Löschpapier. Lege die Scheiben dann nacheinander seitenrichtig (so wie sie in der unzerteilten Kartoffel lagen) auf ein Papier. Achte darauf, dass das Loch von der Stecknadel jeweils auf den gleichen Punkt auf dem Papier trifft. Zeichne die Linien nach, indem du mit der größten Kartoffelscheibe anfängst.

M4 Lea verdeutlicht Höhenlinien und Höhenschichten

Sachsen-Anhalt – unser Bundesland

Aufgaben

1 Beschreibe die Lage deines Heimatortes im Bundesland.

2 Fertigt eine Pinnwand über Sachsen-Anhalt und eure Heimatregion an, die ihr über das gesamte Schuljahr vervollständigen könnt.

So eine Vielfalt!

Sachsen-Anhalt ist ein Bundesland mit einer kurzen Geschichte. In seinen heutigen Umrissen entstand es erst im Jahre 1990 aus zwei Bezirken der ehemaligen DDR: Halle und Magdeburg. Ein Land Sachsen-Anhalts hatte davor schon einmal bestanden, jedoch nur für die kurze Zeit von 1947 – 1952. Das Gebiet des heutigen Sachsen-Anhalts ist seit dem 10. Jahrhundert ein Kerngebiet deutscher Geschichte. Bedeutende Persönlichkeiten wie der Komponist Georg Friedrich Händel, der Theologe Martin Luther und der Pädagoge August Hermann Francke haben hier gewirkt.

Die russische Zarin Katharina die Große stammte aus dem Hause der Fürsten von Anhalt.

Unser Bundesland weist eine landschaftliche Vielfalt wie die Altmark und den Drömling, die flachwellige Magdeburger Börde oder den Harz auf. Zu beiden Seiten der Elbe liegen bedeutende Naturschutzgebiete. Der nördliche Teil und große Gebiete des übrigen Landes sind wichtige Landwirtschaftsgebiete.

Im Süden liegt das industrielle Ballungsgebiet des Landes um die Städte Halle/Saale, Merseburg und Bitterfeld.

M2 Elbauenpark in Magdeburg

14298E_1

M1 Sachsen-Anhalt – Verwaltungsgliederung

Wusstest du schon, dass …

- die Teufelsmauer nördlich des Harzes das älteste Naturschutzgebiet Deutschlands ist?
- die Harzer Schmalspurbahn mit einem Streckennetz von 140 km die längste Schmalspurbahn Deutschlands ist?
- das Josephskreuz, ein Aussichtsturm auf dem Auerberg unweit von Stolberg, das größte eiserne Doppelkreuz der Welt ist (38 m hoch)?
- der Petersberg (250 m hoch) nördlich von Halle die höchste Erhebung entlang des gleichen Breitengrades bis zum Ural ist?
- das Europa-Rosarium in Sangerhausen die größte Rosensammlung der Welt besitzt?
- das Saale-Unstrut-Gebiet eines der nördlichsten Weinanbaugebiete Europas ist?
- die 3 600 Jahre alte „Himmelsscheibe von Nebra" die erste wissenschaftlich konkrete Darstellung des Kosmos ist?
- in Goseck über dem Saaletal das wahrscheinlich älteste Sonnenobservatorium Europas gefunden wurde?
- in Sachsen-Anhalt viele Stätten des Weltkulturerbes liegen?

M3 Das Landeswappen

www.sachsen-anhalt.de

M4 Himmelsscheibe von Nebra

M5 Der Arendsee – Perle der Altmark

M6 Landeshauptstadt Magdeburg

M7 Halle an der Saale

Ge

Wirtschaftsräumliche Gliederung

Die Karte M1 zeigt dir eine Gliederung Deutschlands nach seiner wirtschaftlichen Struktur. Dargestellt ist die Verbreitung der Industrie-, Landwirtschafts- und Erholungsgebiete. Du darfst dir aber nicht vorstellen, dass es zum Beispiel in einem Industriegebiet nur Industriebetriebe gibt oder in einem Landwirtschaftsgebiet nur Landwirtschaft betrieben wird. In jedem Gebiet sind meist alle drei Wirtschaftbereiche (Industrie, Landwirtschaft und Erholung) vertreten, aber in unterschiedlicher Bedeutung.

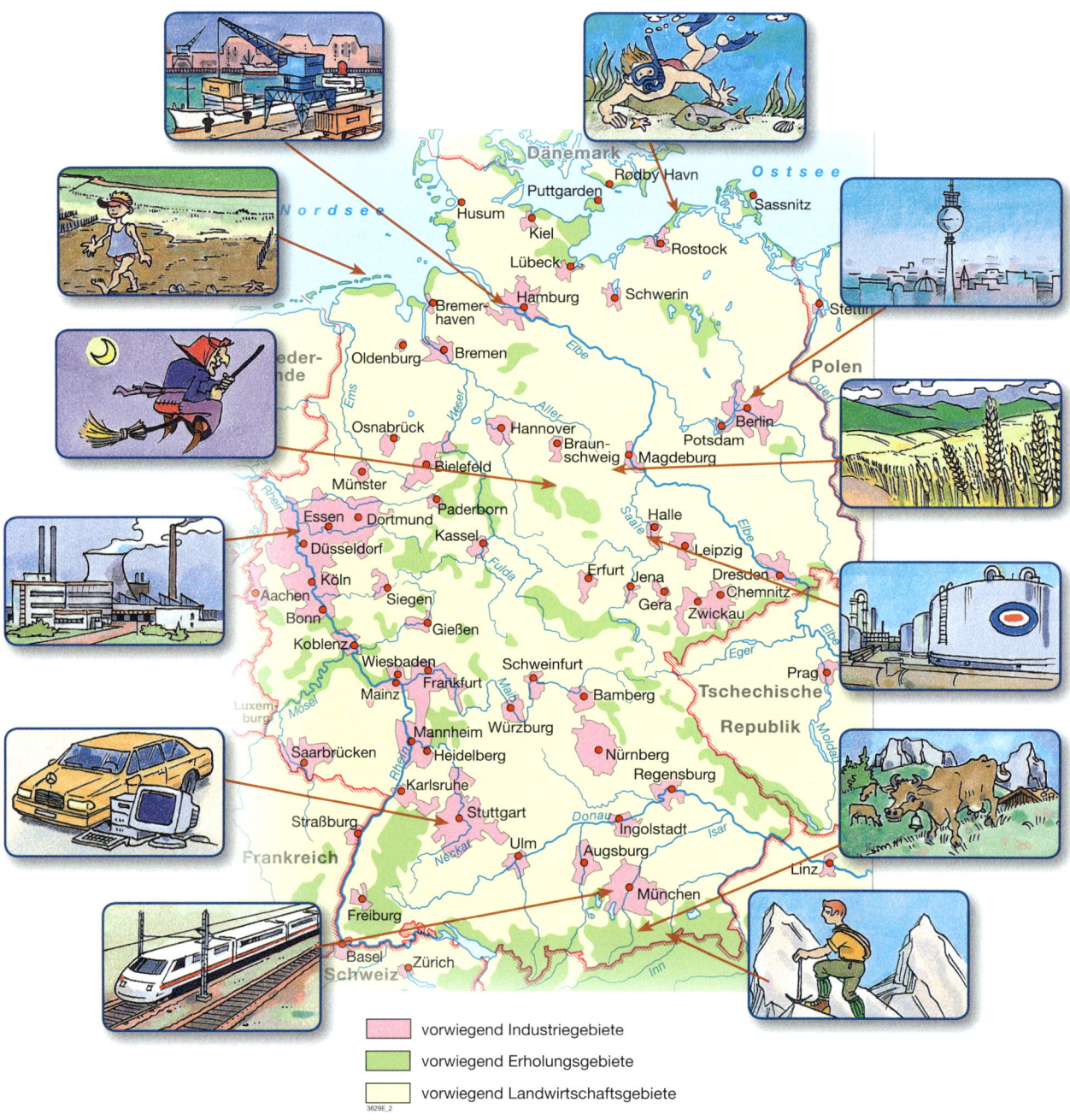

vorwiegend Industriegebiete

vorwiegend Erholungsgebiete

vorwiegend Landwirtschaftsgebiete

3629E_2

M1 Industrie-, Landwirtschafts- und Erholungsgebiete

Eine thematische Karte lesen

So gehst du vor

1. Nenne das Thema der Karte und den Raum, der dargestellt ist.

2. Lies die Legende. Welche Signaturen und Farben werden wofür verwendet?

3. Beschreibe die Verteilung der Farben und Symbole.

4. Vergleiche mit einer physischen Karte und stelle Zusammenhänge her.

Info

Thematische Karte

Eine thematische Karte beinhaltet ein bestimmtes Thema für einen bestimmten Raum. Im Atlas findest du eine Vielzahl von thematischen Karten zu Themen wie Klima, Boden, Verteilung der Industrie- oder Landwirtschaftsgebiete, der Bevölkerungsverteilung oder der Verbreitung von Bodenschätzen.
Die Informationen zum Thema werden mithilfe von Linien, Flächen und Punktsignaturen dargestellt.

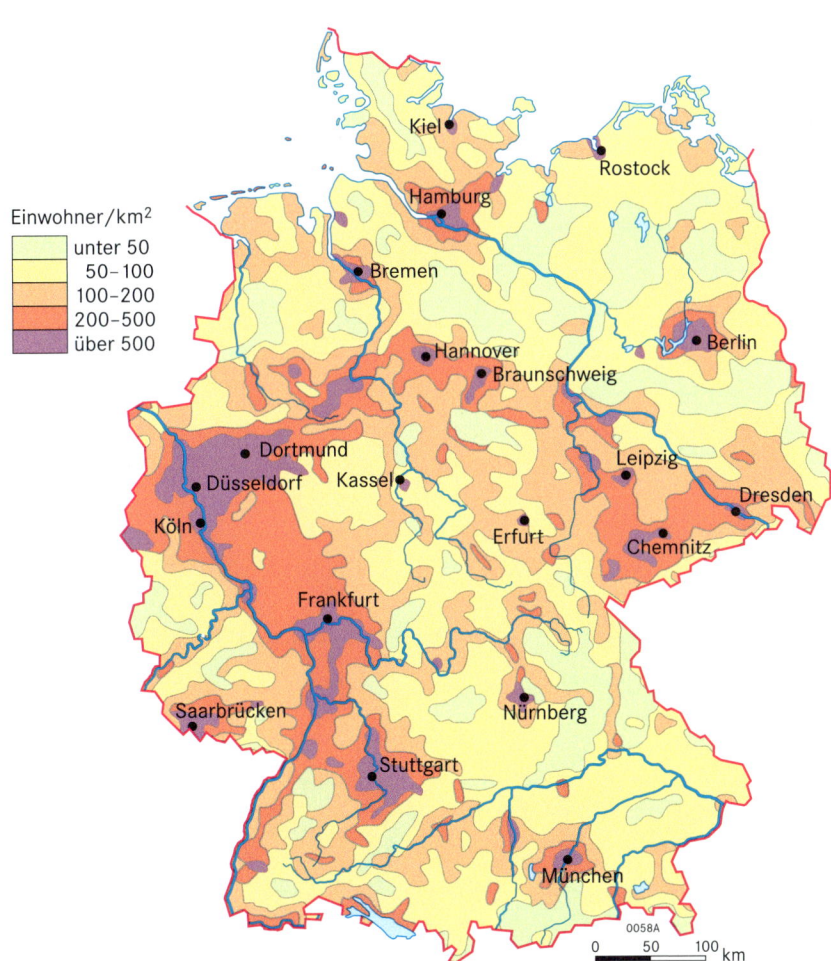

Einwohner / km²
- unter 50
- 50 – 100
- 100 – 200
- 200 – 500
- über 500

0058A

0   50   100 km

M2 Bevölkerungsverteilung Deutschlands

Deutschland – dicht und dünn besiedelte Gebiete

Die Bevölkerung ist in Deutschland nicht gleichmäßig verteilt. Es gibt sehr dicht und sehr dünn besiedelte Gebiete (M2). In industriellen Verdichtungsräumen und in den Städten leben besonders viele Menschen. Dünn besiedelt sind vor allem ländliche Gebiete und Gebirge.

Aufgaben

1 Ordne die zwölf Bilder zur Karte auf S. 40 Industrie-, Landwirtschafts- und Erholungsgebieten zu.

2 Nenne Städte, die in Industriegebieten liegen.

3 Beschreibe die Karte zur Bevölkerungsverteilung Deutschlands. Nutze dazu die Schrittfolge.

4 Für Geoexperten:
Vergleiche die M1 und M2.

Eine Mental Map anfertigen

Mental Map – was ist das?

M1 zeigt dir eine Mental Map von Deutschland. Eine Mental Map ist die Zeichnung eines Raumes aus dem Gedächtnis. Beim Zeichnen der Mental Map ist die eigene Vorstellung von diesem Raum besonders wichtig. Alles, was man über diesen Raum weiß oder sich vorstellt, kann man in die Mental Map eintragen.

Mental Maps helfen dir bei der Bearbeitung eines Landes oder Gebietes im Geographieunterricht. Nach Abschluss der Behandlung solltest du dir deine Mental Map nochmals ansehen und herausfinden, was du dazugelernt hast.

So gehst du vor

1. Zeichne einen Umriss von dem Land oder Gebiet, so wie du ihn dir vorstellst. Sieh nicht in den Atlas, danach kannst du vergleichen.

2. Zeichne alles, was dir zu dem Land, dem Gebiet einfällt in den Umriss ein. Nutze dazu Symbole, kleine Zeichnungen oder Wörter/Wortgruppen.

Fußballweltmeisterschaft 2010 in Südafrika

Schülerinnen und Schüler einer 5. Klasse in Kapstadt haben Mental Maps von den Ländern angefertigt, die an der Weltmeisterschaft teilnehmen. M1 zeigt dir eine Mental Map von Deutschland.

Hui, da ist aber etwas durcheinander geraten! Oder was meinst du?

M1 Mental Map von Deutschland

1 Alles geriet durcheinander!

Benenne die abgebildeten Bundesländer und liste auf, welche Bundesländer fehlen.

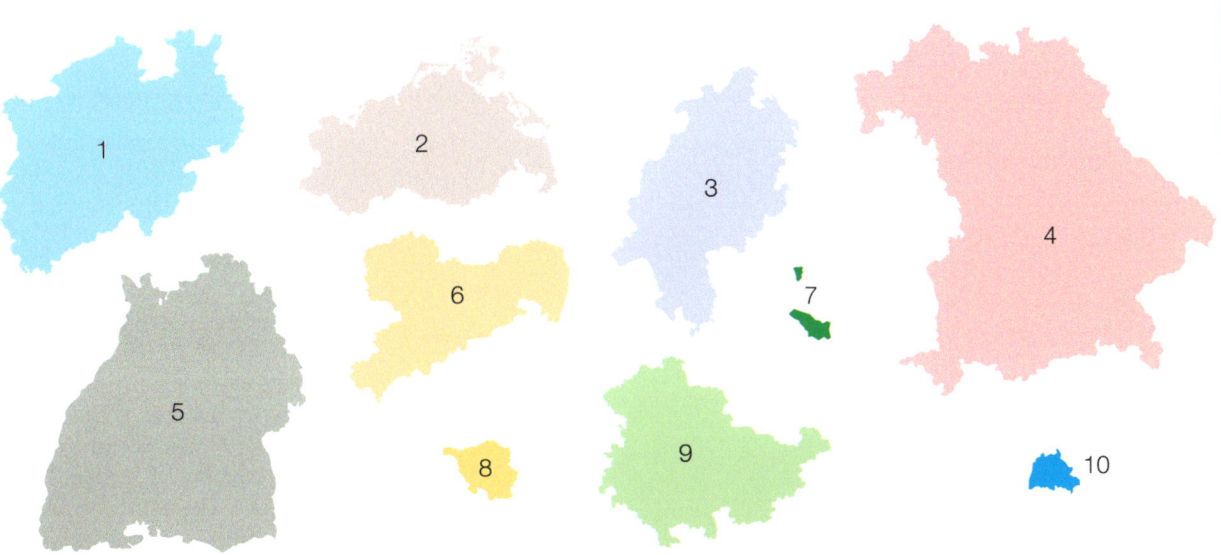

2 Ordne die Bilder Oberflächenformen zu.

Begründe deine Entscheidung.

Das kannst du jetzt:

– die 16 Bundesländer nennen und ihre Lage beschreiben,
– die Abfolge der Oberflächenformen vom Tiefland über das Mittelgebirgsland zum Hochgebirge beschreiben,
– die Verteilung von Industrie-, Landwirtschafts- und Erholungsgebieten beschreiben,
– physische und thematische Karten sowie geographische Texte lesen,
– geographische Objekte in Kartenskizzen benennen.

Du kannst dabei folgende Fachbegriffe anwenden:
Bundesland, Mittelgebirge, Tiefland

Landschaften und ihre Nutzung

Am Ende dieses Kapitels kannst du:

- die Landschaften an der Küste und im Mittelgebirgsland mithilfe von Profilskizzen beschreiben,
- Zusammenhänge in der Natur beschreiben,
- Möglichkeiten für Freizeit und Erholung in den Landschaften aufzeigen,
- Eintragungen in einfachen Kartenskizzen vornehmen.

Ein Flug über Küste und Tiefland

Bei einem Flug über das Norddeutsche Tiefland sieht dieses wie eine einheitliche Ebene aus. Wenn man das Tiefland bei einer Fahrt mit dem Auto aber genauer betrachtet, dann fällt seine Vielgestaltigkeit auf. Ebene und wellige bis hügelige Flächen wechseln einander ab. Auch die Küsten an der Nordsee und der Ostsee zählen zum Tiefland. Einige Landschaften werden nachfolgend genauer vorgestellt.

M1 Lage ausgewählter Landschaften im Norddeutschen Tiefland

Info

Landschaft

Ein Gebiet, welches in seinen äußeren Merkmalen (Erscheinungsbild) relativ einheitlich erscheint. Großlandschaften sind zum Beispiel die Küsten- und Mittelgebirgslandschaften. In ihnen gibt es wiederum kleinere räumliche Einheiten (Nordfriesland oder Harz).

Aufgaben

1 Suche die auf dieser Doppelseite vorgestellten Landschaften im Atlas auf und beschreibe ihre Lage.

2 Nenne Landschaften, die in Sachsen-Anhalt zum Tiefland zählen.

Ⓐ Marschen

Das Wort Marsch bedeutet Meerland. Marschen treten direkt an der Küste der Nordsee und entlang der Unterläufe der Flüsse Elbe, Ems und Weser auf. Entstanden sind sie durch Ablagerungen des Wassers.
Sie müssen durch Deiche geschützt und ständig entwässert werden. Die Marschen sind sehr fruchtbar und werden landwirtschaftlich genutzt.

B Lüneburger Heide

Die Lüneburger Heide befindet sich zwischen den Flüssen Elbe und Aller. Ihre höchste Erhebung ist mit 169 Metern der Wilseder Berg.
Sie ist eine Landschaft mit sandigen Böden, Niederungen und Mooren. Die wenig fruchtbaren Böden dienen dem Anbau von Kartoffeln und Roggen.
Die Lüneburger Heide ist eines der ältesten und größten Naturschutzgebiete Deutschlands. Viele Touristen kommen jedes Jahr in die Heide.

C Mecklenburger Seenplatte

Die Mecklenburger Seenplatte erstreckt sich von der Landesgrenze zu Niedersachsen bis an das Ueckertal im Osten. In der Mecklenburger Seenplatte gibt es fast 1 000 Seen. Die bekanntesten sind die Müritz, der Plauer See und der Kölpinsee. Die Müritz ist mit 109 km² der größte See im Norddeutschen Tiefland. In dieser Region gibt es Naturschutzgebiete. Das Gebiet der Mecklenburger Seenplatte ist ein beliebtes Erholungsgebiet.

D Fläming

Der Fläming gehört zum Tiefland. Den Namen erhielt das Gebiet von flämischen Siedlern, die im 12. Jahrhundert kamen, um den kargen Boden zu bearbeiten. Große Teile des Fläming sind mit Kiefernwäldern bedeckt. Der westliche Teil, auch „Hoher Fläming" genannt, hat mit dem 201 Meter hohen Hagelberg bei Belzig die höchste Erhebung im Norddeutschen Tiefland.

Küstenform an der Nordsee

Der Bereich zwischen dem Festland und den Ostfriesischen und Nordfriesischen Inseln wird Watt genannt. Die Küstenform heißt Wattenküste.

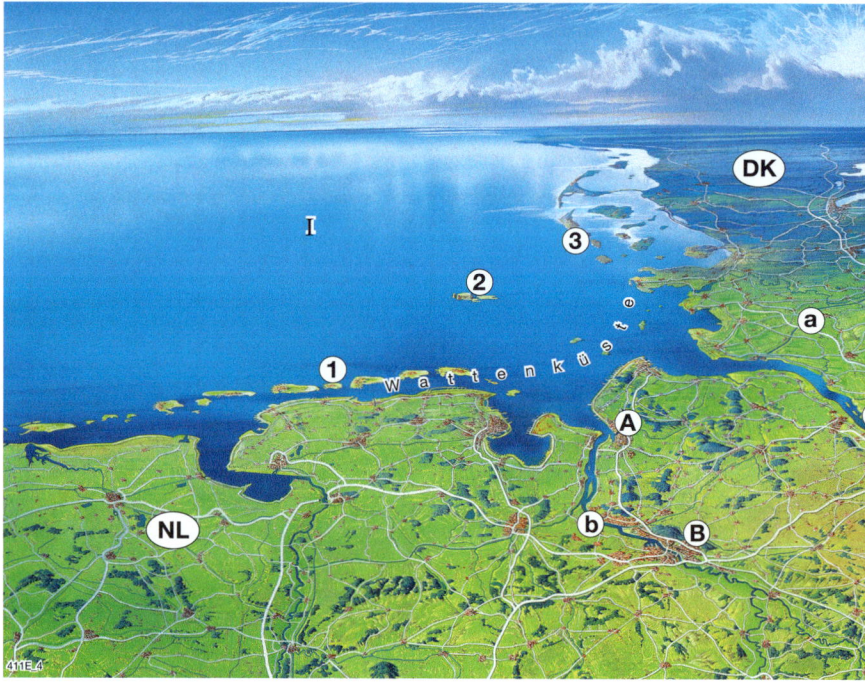

M1 Übungskarte des deutschen Küstenraumes

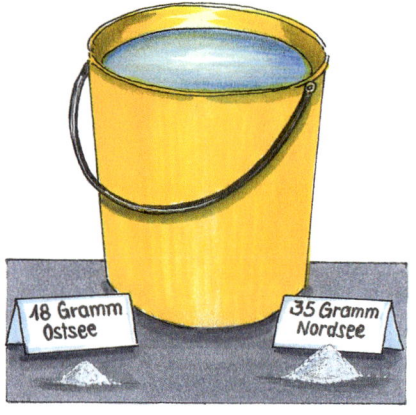

M2 Salzgehalt pro Liter Ost- und Nordseewasser im Vergleich

Die Nordseeküste

Die Nordsee ist ein Randmeer des Atlantischen Ozeans. Etwa alle sechs Stunden zieht sich das Wasser an der Nordseeküste zurück. Diese Zeit nennt man Ebbe. Mit der Flut kommt das Wasser dann wieder zurück und der Meeresspiegel steigt wieder an. Den Meeresboden, der im ständigen Wechsel trockenfällt und überflutet wird, nennt man Watt.

Die Wattenküste finden wir an der ganzen Nordsee. Vor dem Festland befinden sich außerdem die Ost- und Nordfriesischen Inseln, große Sandbänke und die Halligen. Halligen sind sehr kleine Inseln, die normalerweise keinen Deich besitzen. Häufig sind diese Inseln Reste des ehemaligen Festlandes.

M3 Im Wattwagen über den Meeresboden

Aufgaben

1 Benenne die Meeresteile, Inseln/Inselgruppen, Städte und Flüsse/Kanäle (M1, Atlas).

2 Nenne die Staaten mit einer Küste an Nord- oder Ostsee, die eine Grenze mit Deutschland haben.

Arbeitsheft

48

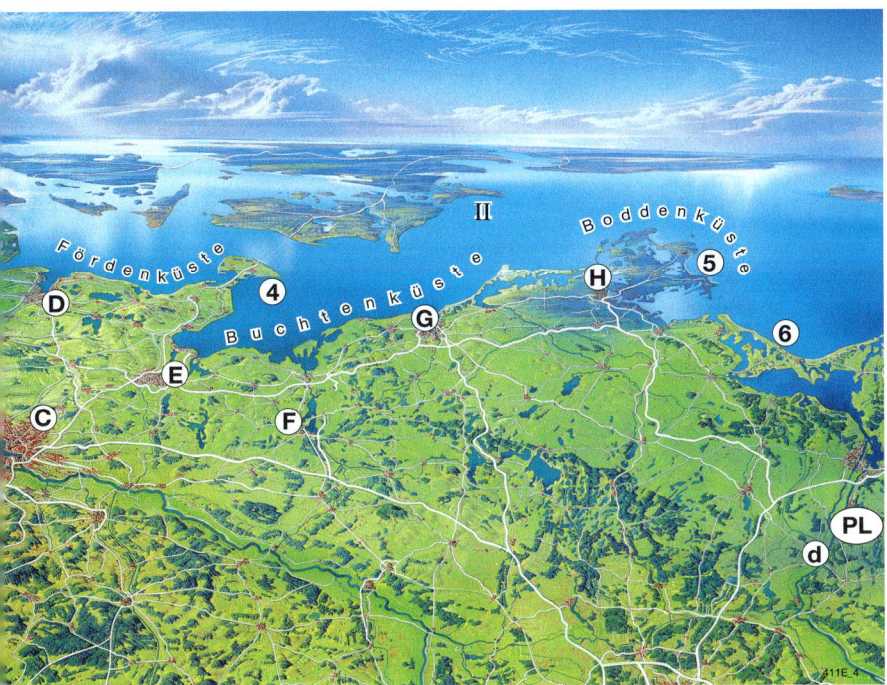

Förden sind oft viele Kilometer lang. Als schmale Meeresbucht reichen sie weit in eine flache Landschaft hinein.

Eine Bucht ist ein Meeresteil, der zum Teil von Land umschlossen ist, sodass die Küstenlinie ein Stück in das Landesinnere hineinreicht.

Bodden sind Meeresbuchten mit unregelmäßigen Umrissen und geringen Wassertiefen. Sie besitzen häufig kleine Zugänge zum Meer.

Die Ostseeküste

Die Ostsee ist nur durch eine schmale Meerenge zwischen Dänemark und Schweden mit dem Atlantischen Ozean verbunden. Sie ist ein Binnenmeer. Der Meeresspiegel schwankt nur um wenige Zentimeter am Tag, sodass man den ganzen Tag baden kann. An der Ostsee findet man, im Gegensatz zur Nordsee, vielfältige Küstenformen. An der Küste zwischen Flensburg und Lübeck liegt die Fördenküste. Eine Fördenküste ist eine schlauchartige Meeresbucht (M4). Nach Osten hin schließt sich die Buchtenküste mit der Wismarbucht an. Die Küste östlich von Rostock wird Boddenküste genannt. Die Inseln Rügen und Usedom sowie die Halbinsel Darß-Zingst sind bekannte Ferienziele an der Boddenküste.

Aufgaben

3 Stelle in einer Tabelle Merkmale von Nord- und Ostsee gegenüber.

4 Erkläre den geringen Salzgehalt des Ostseewassers.

M4 Fördenküste bei Kiel

Küstenarten und Küstenschutz

Steil- und Flachküste

Bei einer Steilküste trifft das Meer auf ein steil aufragendes Festland. Viele Steilküsten sind Kliffküsten mit einer Brandungshohlkehle. Dabei handelt es sich um eine Einbuchtung im unteren Teil des Kliffs. Diese wird durch aufprallende Wellen immer wieder vergrößert. Wird die Einbuchtung zu groß, stürzen Teile des Kliffs ab (M4, M5).

An einer Flachküste geht das Land sehr flach ins Meer über. Flachküsten bestehen häufig aus lockerem Material wie Sand und Kies. Sie können zum Teil sehr breite Sandstrände besitzen. Der Wind transportiert die feinen Sandkörner über die Dünen ins Land. Die Flachküste verändert sich wie die Steilküste ständig (M6, M7).

Aufgaben

1 Beschreibe die Steil- und die Flachküste.

2 Warum darf man die Dünen der Flachküste und das Kliff der Steilküste nicht betreten?

3 Erkläre, warum sich Küsten ständig verändern und wie sie geschützt werden.

Info

Küstenschutz an Nord- und Ostsee

Küsten verändern sich ständig durch Wind und Wellen. An der Nordsee werden zum Schutz der Küste Deiche angelegt. An der Ostsee muss besonders das Kliff der Steilküste mit Wällen aus Steinen und Beton vor der Brandung geschützt werden. An der Flachküste brechen Buhnen die Kraft der Wellen. Dünen bepflanzt man mit Strandhafer.

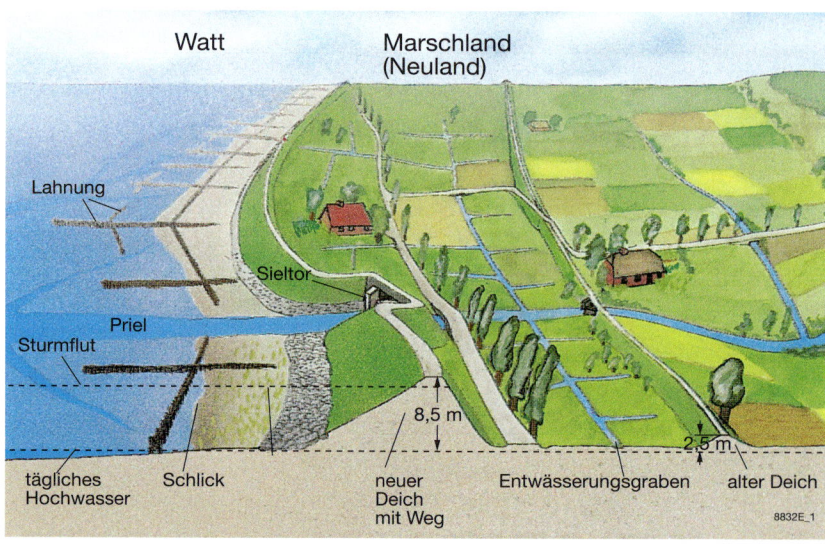

M1 Querschnitt von der Nordseeküste und ihrem Hinterland

M2 Buhnenbau an der Ostsee

M3 Buhnen und Dünen

Eine Profilskizze lesen und anfertigen

METHODE

Profilskizzen sind zeichnerische Darstellungen, die einen Anschnitt der Erdoberfläche zeigen. Sie dienen zur Veranschaulichung von Merkmalen der Oberflächenformen, der Lagerung von Gesteinen oder der Schichtung des Bodens.

So gehst du beim Lesen von Profilskizzen vor

1. Nenne das Thema (Über- oder Unterschrift).
2. Beschreibe den Inhalt (Verlauf der Profillinie, Begriffe, Farben, Symbole).
3. Vergleiche mit einem Foto.

So gehst du beim Anfertigen von Profilskizzen vor

1. Zeichne eine waagerechte und senkrechte Linie.
2. Skizziere die Profillinie.
3. Gestalte die Profilskizze (Farben, Begriffe, Symbole).
4. Formuliere eine Über- oder Unterschrift.

Aufgaben

4 Vergleiche die beiden Profilskizzen von Steil- und Flachküste (M5 und M7).

5 Skizziere selbst die Küstenarten nach der Schrittfolge.
Arbeitsheft

M4 Steilküste bei Sassnitz, Rügen

M5 Profilskizze Steilküste

(Kliff, Brandungshohlkehle, Blockstrand (teilweise überflutet), Brandungsplatte, 574E)

M6 Flachküste mit Dünen an der Nordsee

M7 Profilskizze Flachküste

(Seewind, Düne, Sandstrand, Sandbank, Strandhafer, 5391E_3)

M1 Ein Hafen an der Nordseeküste zu unterschiedlichen Tageszeiten

Das Wasser kommt und geht

Aufgaben

1 **Vergleiche beide Fotos in M1. Erkläre die Unterschiede.**

2 **Sturmfluten sind sehr gefürchtet. Warum?**

Desirée freut sich, zum ersten Mal Ferien an der Nordsee verbringen zu können. Gleich am ersten Morgen läuft sie zum Strand und bekommt einen riesigen Schreck: Wo gestern Nachmittag noch Gäste badeten, liegt heute, so weit das Auge reicht, eine graue Schlickfläche. „Wo ist das Meer?", ruft Desirée entsetzt und läuft in das Hotel zurück. „Mach dir keine Sorgen", sagt der Hotelbesitzer. „Hier an der Küste ist vieles anders als im Binnenland. Es herrscht gerade Ebbe, das heißt,

das Wasser hat sich für eine Weile zurückgezogen. In wenigen Stunden, mit der Flut, kehrt es aber zurück. Dann ist der Meeresboden, das Watt, wieder mit Wasser bedeckt und du kannst baden gehen. Baden bei Ebbe ist verboten. Das ablaufende Wasser könnte dich ins Meer hinausziehen. In das Watt solltest du nur mit einem Führer gehen. Er kennt die Gezeiten, das heißt den Wechsel von Ebbe und Flut."

STURM
FLUTEN

1976   6,24m

1962   5,83m

1825   5,20m

9606E_1

M2 Sturmflutpfahl

Info

Sturmflut

An der Nordsee kommt es zu einer Sturmflut, wenn die normale Flut durch starke Stürme aus West/Nordwest begleitet wird. Sogar bei Ebbe kann das Wasser nicht mehr zurücklaufen. Bei der nächsten Flut kommen dann neue Wassermassen hinzu. Das Wasser wird weit aufgestaut. Die Flüsse können nicht mehr in die Nordsee abfließen. Im Jahr 1962 stand das Wasser in Hamburg etwa 4,20 Meter höher als bei einer normalen Flut.

Unterwegs im Watt

„Moin, Moin". So begrüßt uns der Wattführer Herr Hansen. Er führt uns heute durch das Watt, denn er kennt sich besonders gut aus. Herr Hansen erklärt uns, dass das Watt eine einzigartige Naturlandschaft ist. Sie wurde in die Liste des Weltnaturerbes aufgenommen.

Wir stapfen durch den Schlick. Viele versinken bis zu den Knöcheln. „Kommen Sie bitte, ich will Ihnen etwas zeigen", ruft Herr Hansen laut. Er gräbt mit einer Gabel ein Stück Wattboden aus. Dann zieht er mit den Fingern ganz vorsichtig einen Wurm aus dem Watt. „Das ist ein Wattwurm. Er kommt nur ganz selten an die Oberfläche".

Herr Hansen berichtet weiter, dass das Wattenmeer sehr stark gefährdet ist: „Die Urlauber und die Bewohner der Nordseeküste können eine Gefahr für den Lebensraum Wattenmeer sein. Rücksichtslose Wanderer und Bootsfahrer stören durch Lärm die Tiere bei der Aufzucht. Besonders schlimm sind die Öllachen nach Tankerunfällen, die vielen Seevögeln den Tod bringen, weil ihr Gefieder verschmutzt wird".

M3 Mit Herrn Hansen durchs Watt

Verhaltensregeln für Urlauber im Wattenmeer

1. Gehe nie ohne einen Gezeitenkalender ins Watt. Beginne deine Wanderung bei ablaufendem Wasser.
2. Bleibe in Sichtweite der Küste.
3. Unternimm eine größere Wanderung nur mit einem einheimischen Führer.
4. Bei Wetteränderungen und Nebel wandere sofort zurück.

Aufgaben

3 Erkläre, warum das Wattenmeer eine einzigartige Naturlandschaft ist.

4 Zähle verschiedene Ursachen der Verschmutzung des Wattenmeeres auf (M4).

5 Begründe, warum das Wattenmeer geschützt werden muss.

M4 Das Wattenmeer ist bedroht.

53

Urlaub an der Nordsee

M1 Nordfriesische Inseln und Halligen

Sommerferien auf der Insel Pellworm – ein Name, den du wahrscheinlich noch nie gehört hast. Pellworms Nachbarinseln Sylt, Amrum und Föhr sind dagegen viel bekannter.

Grün ist die Insel, weil sie aus Marsch besteht, aus Weiden, auf denen Kühe und unzählbar viele Schafe grasen. Sogar der Strand ist grün: kurz geschorener Rasen. Sich einbuddeln und Burgen bauen kann man hier nicht, dafür hat Pellworm viele andere

interessante Dinge zu bieten. Von deiner Ferienwohnung in Tilli ist es nicht weit zur Badestelle Kaydeich, wo sich auch der Leuchtturm befindet, der nachts und bei Nebel seine Lichtsignale sendet. Du kannst sogar in ihm hochsteigen.

Hast du Lust, die Insel zu erkunden? Dann radele am Deich entlang einmal um sie herum, es sind nur 25 Kilometer. Du kannst aber auch kreuz und quer über die Insel fahren. Berge gibt es hier keine, höchstens der Gegenwind ist schon mal lästig. Bei schlechtem Wetter lohnt sich ein Besuch in der Schutzstation Wattenmeer, in der du dich über diesen einzigartigen Lebensraum informieren kannst.

www. pellworm.de

M2 Plan von Pellworm

Aufgaben

1 Beschreibe mithilfe von M1 die Lage der Insel Pellworm.

2 Stell dir vor, du wohnst in einer Ferienwohnung in Tilli. Bereite mithilfe des Plans von Pellworm (M2) Erkundungen der Insel vor:

– Gib die Planquadrate an, in denen die Badestelle Leuchtturm, die Schutzstation Wattenmeer und der Alte Hafen liegen.

– Plane eine Radtour. Wähle dazu Stationen aus, die dich interessieren und lege eine Route fest. Nimm eine Wegbeschreibung vor.

<u>Für Geoexperten:</u>
Ermittle die Entfernungen dieser Ziele von Tilli aus.

Leben auf der Hallig Hooge

Andy ist 13 Jahre alt. Er lebt auf der Hallig Hooge, einer winzigen Insel im Wattenmeer der Nordsee. Er ist einer von etwa 100 Bewohnern der Hallig. Die Halligen sind Reste alten Festlandes, das vor vielen Jahrhunderten vom Meer überflutet wurde. Zwischen den Inseln Föhr und Nordstrand liegen viele dieser kleinen Halligen.

Die Bewohner leben hauptsächlich vom Fremdenverkehr. Vor allem im Sommer kommen bis zu 600 Tagestouristen nach Hooge. Alle Bauernhöfe auf dieser Hallig bieten auch Fremdenzimmer für Feriengäste an, die hier Ruhe und Erholung finden wollen. Andys Elternhaus liegt auf einem Erdhügel, einer Warft.

Das ist notwendig, denn bei sehr starkem Wind und hoher See ragt die Warft aus dem Meer heraus. Dann ist „Land unter". Gegen die normale Flut ist Hooge durch einen Deich geschützt. Die Halligen haben eine wichtige Aufgabe für den Küstenschutz des Festlandes.
Sie sind ein natürliches Hindernis für die anrollende See und mindern die Wucht der Wellen.

www. halligschule-hooge.de

M3 Warft auf einer Hallig

Aufgaben

3 Berichte über die Entstehung der Halligen und ihre Bedeutung für den Küstenschutz.

4 Weshalb liegen die Bauernhöfe auf Warften?

5 Informiere dich über die Schule auf der Hallig Hooge. Nutze dazu die Internetadresse.

M4 Hallig Hooge bei Flut

M5 Hallig Hooge – Land unter

Hamburg und Umgebung

Auf Erkundungstour: Wir fahren mit einem Frachtschiff vom Magdeburger Hafen bis zum Wehr nach Geesthacht in Niedersachsen. Von hier aus wollen wir auf dem Elberadweg die Gegend erkunden. Vier Haltepunkte sind auf der Tour vorgesehen:

Das Wehr Geesthacht

Der Unterlauf der Elbe wird durch die Gezeiten beeinflusst. Über eine Stauanlage, ein Wehr, ist ein kontrollierter Wasserabfluss möglich (M1). Frachter nach Hamburg, beladen mit Baustoffen, Getreide oder Kohle zum Beispiel, aber auch Sportboote, nehmen die Schleuse bei Geesthacht.

M1 Schrägluftbild Wehr Geesthacht

Der Nord-Ostsee-Kanal

In Brunsbüttel beginnt der Kanal (M2). Er verbindet die Nordsee mit der Ostsee. Obwohl der Wasserstand der Elbe auch hier durch Ebbe und Flut beeinflusst wird, ist er im Nord-Ostsee-Kanal immer gleich hoch. An den Endpunkten des Kanals befinden sich Schleusen. Sie gleichen die wechselnden Wasserstände der Elbe aus.

M2 Der Nord-Ostsee-Kanal

Cuxhaven

Cuxhaven liegt an der Elbmündung. Die aus Hamburg kommenden Schiffe fahren auf ihrem Weg in die Nordsee sehr dicht am Ufer und an der Kugelbake (M3) vorbei. Sie ist ein Wahrzeichen von Cuxhaven und markiert den geographischen Punkt, an dem die Elbe endet.

M3 Ein Kreuzfahrtschiff auf Höhe Kugelbake

Die Elbmündung

Die Elbe ist an der Mündung ca.15 Kilometer breit. Die Mündungsform wird Trichtermündung genannt. Entstanden ist sie durch die Gezeiten. Bei Flut dringt das Meerwasser bis nach Hamburg vor, bei Ebbe fließt es mit dem Elbwasser in umgekehrter Richtung ab.

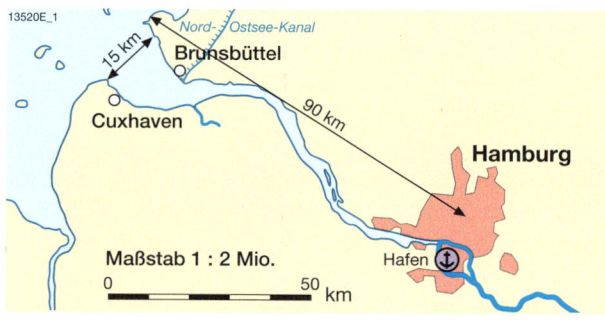

M4 Die Trichtermündung der Elbe

www.elberadweg.de

Aufgaben

1 Beschreibe, mithilfe welcher Bauwerke Schiffe die wechselnden Wasserhöhen der Elbe überwinden.
2 Welche Bedeutung hat die Kugelbake?

M5 Luftbild des Hamburger Hafens

M6 Hamburg und seine Verbindungen ins Hinterland

Der Hamburger Hafen – „Tor zur Welt"

Wir unternehmen eine Hafen-
rundfahrt. Der Bootsführer erklärt
unterwegs die Bedeutung des
Hamburger Hafens.

„Tor zur Welt", so wird der Hamburger Hafen genannt. Er ist der größte Seehafen Deutschlands. Er liegt
etwa 100 Kilometer von der Nordsee entfernt im Landesinneren.
Die Fahrrinne muss immer wieder
ausgebaggert werden. Sie muss
mindestens 13 Meter tief sein. So
können auch große Seeschiffe
den Hafen anlaufen. Viele von
ihnen kommen mit der Flutwelle
in den Hafen. Ebbe und Flut
werden nicht durch Schleusen
ausgeglichen. Der Wasserspiegel
schwankt täglich mehr als zwei
Meter.

Schiffe aus fast 100 Staaten
laufen regelmäßig den Hamburger Hafen an. Sie verkehren nach
einem genauen Fahrplan. An
einem normalen Wochentag
werden Massengüter (zum Beispiel Kohle, Erdöl) in großen
Mengen ohne besondere Ver-
packung befördert. Stückgüter
(zum Beispiel Maschinenteile,
Bananen, Kaffee) hingegen „reisen" verpackt in Säcken, Kisten,
Kartons, Ballen oder Containern.
Der Weitertransport der Güter
ins Binnenland erfolgt über Autobahnen, Schienenwege und
Wasserstraßen.

Der Hamburger Hafen

Das Hafengebiet ist etwa 72 km²
groß. Davon sind rund 42 km²
Land- und 30 km² Wasserfläche.
An den etwa 41 km Kaimauern
gibt es ca. 320 Liegeplätze für
Seeschiffe. Rund 11 000 See- und
Binnenschiffe werden jedes Jahr
beladen und gelöscht. 170 km
öffentliche Straßen, 177 Brücken
und 350 km Gleisanlagen der
Hafenbahn mit täglich rund 130
Güterzügen und 6 000 Lkws sorgen
für einen raschen An- und Abtransport der Güter.

Aufgaben

3 Erkläre, weshalb der Hamburger Hafen eine „Dreh-
scheibe des Verkehrs" ist (M6 und Info-Box).

4 Für Geoexperten: Beschreibe eine Rundfahrt durch
den Hamburger Hafen.

Urlaub an der Ostsee

Urlaubsziel: Die Insel Rügen

Bevor die Familie Wingert ihre Urlaubstour startet, informieren sich die Kinder Marie und Tim über die Insel. Was haben sie herausgefunden?

Rügen ist mit 926 km² die größte deutsche Insel. Seit 1936 verbindet der Rügendamm mit der Ziegelgrabenbrücke die Insel mit Stralsund auf dem Festland. Vorher war Rügen nur mit dem Schiff zu erreichen. Seit 2007 sorgt eine zweite moderne Brücke für eine schnelle Überquerung des Strelasunds (M1). Das Leben der Inselbewohner wurde schon immer durch die Lage am Meer geprägt. So hat die Fischerei auf Rügen eine lange Tradition.

Die Stadt Sassnitz ist ein bekannter Urlaubsort. Sie besitzt einen bedeutenden Fährhafen. Fährverbindungen gibt es nach Schweden, Dänemark und Litauen. Von Sassnitz aus kann die einmalige Kreideküste mit dem Kreidefelsen „Königsstuhl" (siehe S. 51) erkundet werden.

M1 Sundbrücken – Verbindung von Stralsund auf die Insel Rügen

Touristische Ziele

Info

Sanfter Tourismus

Der sanfte Tourismus ist eine besondere Form des Tourismus, die die Natur schonen soll, zum Beispiel durch ein Angebot von öffentlichen Verkehrsmitteln in den Erholungsgebieten, damit auf das Auto verzichtet werden kann.

Störtebekerfeststpiele in Ralswiek

Kap Arkona

Seebrücke Ahlbeck

Ozeaneum Stralsund

Rostock-Warnemünde

Ein Bild beschreiben

M1 Lage von Horumersiel

„Ein Bild sagt oft mehr als tausend Worte." Der Satz trifft auch auf M2 zu, vorausgesetzt man bringt das Bild zum „Reden".

So gehst du vor

1. **Orientierung**
Die Bildunterschrift gibt in der Regel den Ort der Aufnahme an. Bestimme mit M1 und mit dem Atlas die Lage des dargestellten Ortes in M2.

2. **Einteilung des Bildes**
Teile das Bild in Vordergrund, Mitte und Hintergrund ein. So kannst du dich viel besser auf die verschiedenen Bereiche des Bildes konzentrieren.
Der Vordergrund beginnt am unteren Bildrand und endet mit dem Hauptort samt Badestrand und Jachthafen. Das sich anschließende Land mit Feldern, Ortsteilen und großem Campingplatz am Strand bildet die Mitte.

3. **Beschreibung des Bildinhaltes**
Beschreibe die Einzelheiten, die du im Bild erkennen kannst. Beachte dabei:
Verteilung von Land und Wasser, die Oberflächenformen, die Nutzung von Land und Gewässern (für Landwirtschaft, Industrie, Erholung, die Verkehrswege), die Verteilung und Größe von Orten sowie auch das Aussehen und die Nutzung von Gebäuden.

Aufgabe

1 Beschreibe ein anderes Bild. Wende dabei die Schrittfolge an.

M2 Luftbild von Horumersiel am Wattenmeer

Gewusst – gekonnt

Alles klar?

1 Hier haben sich 7 Begriffe versteckt.

Setze die Wörter zusammen:
Hafer, See, Steil, Hund, Mies, Flut,
Muschel, Küste, Strand, Flach,
Mündung, Küste, Sturm, Trichter

2 Bilde Wortpaare und begründe.

Ebbe, Hamburg, Küstenschutz,
Rügen, Hallig, Trichtermündung,
Hafen, Nordsee, Binnenmeer, Insel,
Randmeer, Wattenmeer, Flut, Elbe,
Nationalpark, Ostsee, Warft, Deich

3 Löse das Kreuzworträtsel.

Wie heißt das Lösungswort?

ü = ü

1. Wind ab Stärke 12
2. Größte deutsche Insel
3. Ostseeinsel
4. Land, das bei Ebbe „trockenfällt"
5. Eine der Gezeiten
6. Vom Land fast völlig umschlossenes Meer
7. Hafenstadt an der Ostsee
8. Hauptstadt von Mecklenburg-Vorpommern
9. Tor zur Welt an der Elbe
10. Eine der Gezeiten
11. Größtes Binnenmeer Europas
12. Vorgang an der Nordseeküste

Das kannst du jetzt:

– Merkmale der Küsten an Nord- und
  Ostsee mithilfe von Bildern und
  Profilskizzen beschreiben,
– Maßnahmen zum Küstenschutz nennen,
– die vielfältigen Möglichkeiten der
  touristischen Nutzung aufzeigen,
– in einfachen Kartenskizzen
  geographische Objekte benennen
  und eintragen.

**Du kannst dabei folgende Fachbegriffe
anwenden:**
Landschaft, Küste, Insel, Trichtermündung,
Hafen

4 Nenne die Anrainerstaaten der Ostsee und der Nordsee.

Trage sie in eine Tabelle ein.

Mittelgebirgslandschaft im Überblick

Deutschlands Mittelgebirgsland ist stark gegliedert. Es wechseln Gebirge und ihre Vorländer mit Becken, Bergländern und Durchbruchstälern ab. Mit der Münsterländer Bucht im Westen und der Leipziger Tieflandsbucht im Osten reicht das Tiefland weit in das Gebirgsland hinein.

Die Mittelgebirge haben meist abgerundete Berge und sind bewaldet. Der Feldberg im Schwarzwald ist mit 1 493 Metern der höchste Berg im deutschen Mittelgebirgsland. Mittelgebirge sind das ganze Jahr über beliebte Erholungsgebiete. Dort können die Urlauber Wanderungen unternehmen und im Winter Ski fahren.

Auch viele Sehenswürdigkeiten locken die Menschen an: der Hexentanzplatz und der Brocken im Harz, der Rennsteig im Thüringer Wald, die Bastei im Elbsandsteingebirge, die Loreley am Durchbruchstal des Rheins, das Hermannsdenkmal im Teutoburger Wald. Kennst du noch weitere?

An Stauseen, in denen das Wasser der zahlreichen Flüsse aufgestaut wird, liegen beliebte Campingplätze. Kur- oder Heilbäder befinden sich dort, wo aus den Quellen Wasser mit Heilkraft sprudelt. Solche Orte erkennst du an ihrem Namen „Bad". Besonders beliebt sind auch die Weinbauorte an Rhein, Mosel, Elbe, Saale und Unstrut.

Im Schwarzwald

Sächsische Schweiz

Weinanbau

Schafzucht im Mittelgebirge

Eine Bruchschollenlandschaft

Die Entstehung des Mittelgebirgslandes reicht viele Millionen Jahre zurück. Dort, wo sich das Mittelgebirgsland heute ausdehnt, befand sich vor rund 300 Millionen Jahren in der Erdaltzeit ein fester Gebirgsrumpf. Er zerbrach später durch Kräfte aus dem Erdinneren in einzelne große Schollen. Diese wurden entweder herausgehoben, abgesenkt oder gekippt. Dadurch entstanden die unterschiedlichen Oberflächenformen des Mittelgebirgslandes. Nach ihrer Entstehung bezeichnet man die deutschen Mittelgebirge als Bruchschollengebirge.

Beim Zerbrechen und bei der Bewegung der Schollen bildeten sich Risse und Spalten, in denen glutflüssiges Gestein aufstieg. So ist das Vorkommen von Basaltkuppen (Reste ehemaliger Vulkane, zum Beispiel der Scheibenberg im Erzgebirge) und von Erzlagerstätten zu erklären.

Im Laufe der Jahrmillionen wirkten Wind, Regen und Frost auf die Oberflächenformen ein. Flüsse schnitten tiefe Täler ein, wie das Bodetal im Harz.

Aufgaben

5 Unsere Mittelgebirge sind ihrer Entstehung nach Bruchschollengebirge. Erkläre.

6 Erläutere, weshalb in den Mittelgebirgen das harte, vulkanische Gestein Basalt vorkommt.

7 Welche Gesteine sind in deiner Umgebung zu finden?

M1 Brocken (Granitfelsen)

Info

Gesteine in den Mittelgebirgen

Die Mittelgebirge bestehen aus Millionen Jahre alten Gesteinen. Sie sind verschieden hart und werden vielfältig genutzt.

Granit
- entstanden aus Magma, das in einigen Kilometern Tiefe unter der Erdoberfläche erkaltete
- grau-weiß, schwarz
- sehr große Härte
- Nutzung als Baumaterial
- Vorkommen: Harz, Fichtelgebirge

Basalt
- entstanden aus erstarrter Lava
- schwarz
- sehr große Härte
- Nutzung als Baumaterial und Schotter
- Vorkommen: Eifel, Rhön, Erzgebirge

Sandstein
- abgelagerte Sandschichten haben sich zu Gestein verfestigt
- Farben in Rot und Gelb
- geringere Härte, porös
- Nutzung als Bau-, Werk- und Fassadenstein
- Vorkommen: Pfälzer Wald, Spessart, Elbsandsteingebirge

Kalkstein
- entstanden aus Meeresablagerungen
- fein- bis grobkörniges Gestein
- grau-gelblich
- Nutzung für Gebäude-Verkleidungen, Bodenbeläge und Fensterbänke
- Vorkommen: Harz, Schwäbische Alb

M2 Scheibenberg (Basaltsäulen)

Je höher, desto …

Aufgaben

1 Ergänze die Überschrift „Je höher, desto …". Nutze dazu Text und M1.

2 Halle liegt im Regenschatten des Harzes. Erkläre.

Arbeitsheft

Bei der Planung einer Urlaubsreise in ein Mittelgebirge wie den Harz musst du dir genau überlegen, was alles in dein Gepäck hineingehört. Auch im Sommer dürfen darin festes Schuhwerk, Pullover und besonders eine Regenjacke nicht fehlen. Warum?

Ein Blick auf Temperatur- und Niederschlagskarten zeigt, dass es in den Gebirgen mit zunehmender Höhe immer kälter und regenreicher wird. Sie ragen klimatisch wie eine Insel aus ihrer Umgebung heraus. In den Gebirgen fallen aber nicht überall gleich hohe Niederschläge. Der Westen wird meist stärker beregnet als der Osten.

Bei uns in Mitteleuropa wehen die Winde überwiegend aus westlicher Richtung. Vom Atlantischen Ozean bringen sie feuchte Luftmassen mit. Wenn diese auf die Gebirge treffen, müssen sie aufsteigen. Dabei kühlt sich die Luft ab und es bilden sich Wolken. Aus ihnen fällt auf der Westseite (Luv-Seite) starker Regen, der Steigungsregen genannt wird.

Nachdem die Luftmassen die größten Höhen überwunden haben, sinken sie wieder ab. Dabei erwärmen sie sich und die Wolken lösen sich auf. Es regnet deshalb selten. Man sagt, die östlichen Gebiete liegen im Regenschatten (Lee-Seite).

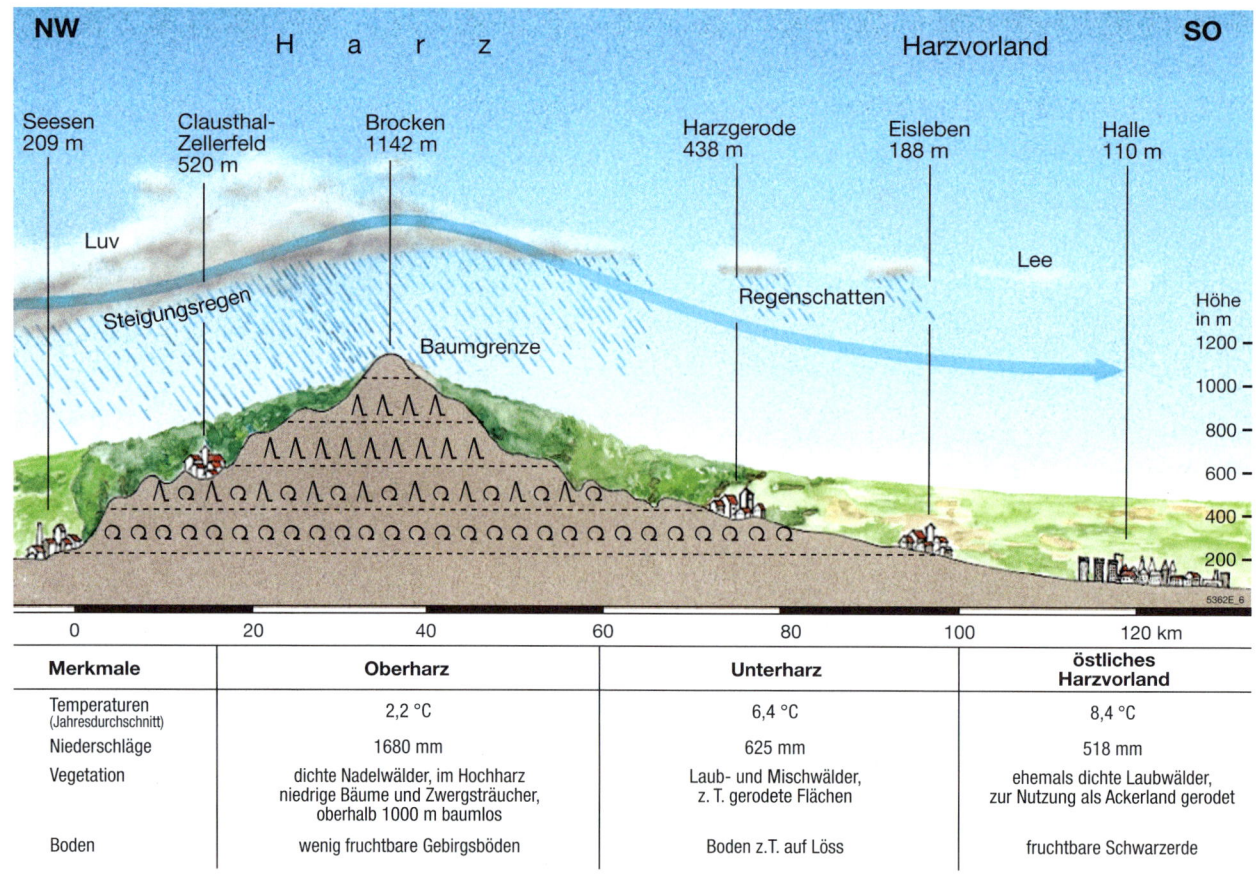

Merkmale	Oberharz	Unterharz	östliches Harzvorland
Temperaturen (Jahresdurchschnitt)	2,2 °C	6,4 °C	8,4 °C
Niederschläge	1680 mm	625 mm	518 mm
Vegetation	dichte Nadelwälder, im Hochharz niedrige Bäume und Zwergsträucher, oberhalb 1000 m baumlos	Laub- und Mischwälder, z. T. gerodete Flächen	ehemals dichte Laubwälder, zur Nutzung als Ackerland gerodet
Boden	wenig fruchtbare Gebirgsböden	Boden z.T. auf Löss	fruchtbare Schwarzerde

M1 Harz – Zusammenhang zwischen Oberflächengestalt, Klima und Vegetation

Talsperren im Harz

Im Harz wurde Wasser schon vor fast 500 Jahren in künstlichen oberirdischen Speichern aufgefangen. Im 19. und 20. Jahrhundert suchten die Bewohner des Harzes nach Lösungen, um die Hochwasserfluten zu bändigen. Zugleich musste der hohe Trink- und Brauchwasserbedarf der großen Städte im Harzvorland gedeckt werden. Seitdem wurden an vielen Flüssen des Oberharzes Talsperren errichtet. Eine von ihnen ist die Rappbode-Talsperre.

Aufgaben

3 Warum sind Gebirge Wasserspeicher?

4 Berichte über die Aufgaben einer Talsperre.

www. talsperren-lsa.de

Die Rappbode-Talsperre

Staumauer: Bau von 1952–1959, 11 m Breite an der Krone, 4,3 km Kontrollgänge
Stausee: 8 km Länge, bis 85 m Tiefe, 60 Mio. m³ Trinkwasserabgabe im Jahr

Talsperren erfüllen vielfältige Aufgaben:
- Schutz vor Überschwemmungen durch Auffangen des überschüssigen Wassers (besonders im Frühjahr)
- Abgabe des gespeicherten Wassers in trockenen Jahren zur Versorgung von Bevölkerung, Landwirtschaft und Industrie
- Trinkwassergewinnung, Lieferung über Fernleitungen in Wassermangelgebiete, zum Beispiel nach Halle und Leipzig
- Erholung und Freizeitgestaltung (Baden, Wassersport und Wandern sind nur an solchen Seen erlaubt, die nicht als Trinkwasserspeicher dienen)
- Erzeugung von Elektroenergie in Wasserkraftwerken

M2 Die Staumauer der Rappbode-Talsperre

Land unter im Harz

Kräftiger Dauerregen hat die Flüsse und Bäche im Harz über die Ufer treten lassen. Innerhalb eines Tages fiel im Harz so viel Regen wie sonst im gesamten September. An den Harzflüssen Bode, Selke und Wipper wurde zeitweise die Warnstufe vier ausgerufen. In Wippra lief die Talsperre über, da die Aufnahmefähigkeit nicht ausreichte. Weite Teile des Ortes waren großflächig überflutet.

(Nach: Mitteldeutsche Zeitung vom 01.10.2007)

M3 Zeitungsbericht

Tourismus im Harz

Zu einem der bedeutendsten Fremdenverkehrsgebiete Norddeutschlands zählt der Harz. Die waldreiche Berglandschaft lockt jedes Jahr viele Besucher in das nördlichste Mittelgebirge Deutschlands. Besonders für Wanderer ist der Harz ideal.

Um die einzigartige Landschaft mit Wäldern, Mooren und Bächen langfristig erhalten zu können und trotzdem für den Tourismus zugänglich zu machen, wurde im Jahr 2006 der „Nationalpark Harz" gegründet. Doch nicht nur um auf Wanderungen die Natur zu erkunden, kommen die Besucher in den Harz.

Für viele sportliche Aktivitäten wie Radfahren, Klettern, Sommerrodeln, Kanufahren oder Wintersport bietet der Harz gute Möglichkeiten. Zu den Touristenattraktionen zählen außerdem die stillgelegten Bergwerke, die inzwischen häufig zu Museen umgebaut wurden. Verschiedene Baudenkmäler in Goslar und Quedlinburg gehören zum Kulturerbe der Menschheit.

Aufgaben

1 Plane einen Urlaub im Harz. Trage Möglichkeiten für Unternehmungen zusammen.

2 Informiere dich über den Brocken (Info-Box, M1 und M2). Weshalb ist eine Hexe sein Markenzeichen?

M1 Harzquerbahn

M2 Wanderung zum Brockengipfel

M3 Weltkulturerbestadt Quedlinburg

M4 Im Schaubergwerk Büchenberg

M5 In der Baumannshöhle

Bergbauheimat Harz

Viele Orte des Harzes verdanken ihre Entstehung dem Bergbau. Bei der Heraushebung der Harzscholle bildeten sich Risse und Spalten im Gebirge. Diese füllten sich mit glutflüssigem Gesteinsmaterial, darunter auch mit Eisen-, Blei-, Silber- oder Zinkerzen. Jahrhundertelang wurden diese Erzvorkommen über und unter Tage abgebaut.

Für das Schmelzen von Erz brauchte man große Mengen Holz. Deshalb wurden viele Wälder gerodet. Vom Bergbau im Harz berichten noch heute alte Stollengänge, Halden und Teiche für Wasserräder.

Das Einfahren in verschiedene Schaubergwerke im Harz ist ein besonderes Erlebnis (M4). Ein Rundgang unter Tage vermittelt einen Überblick über Bohrtechnik, Belüftungsanlagen, und Transportwagen des Eisenerzbergbaus.

Man kann aber auch durch Höhlen wandern, die nicht durch Menschenhand entstanden sind. Wasser hat im Kalkstein märchenhaft schöne Formen geschaffen. Die bekanntesten Tropfsteinhöhlen sind die Baumanns- und die Hermannshöhle bei Rübeland (M5, M6). Sie werden jährlich von vielen Besuchern bewundert.

Aufgaben

3 Suche im Atlas Orte mit der Endung -rode. Weshalb gibt es im Harz so viele Orte mit dieser Endung?

4 Nenne andere dir bekannte Höhlen oder Schaubergwerke. Wo befinden sie sich?

4486E_1

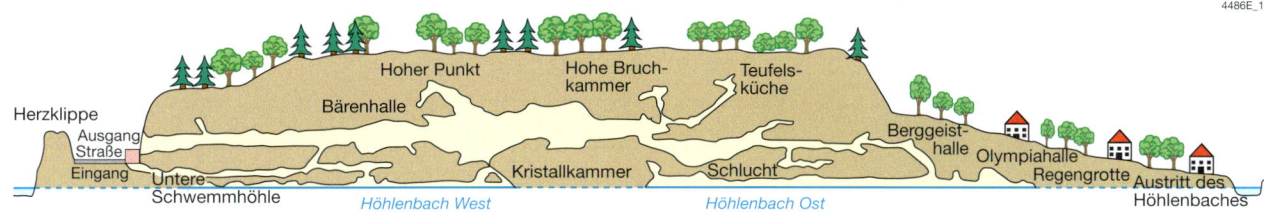

M6 Schnitt durch die Hermannshöhle

Steine

Ebenheit

Elbtal

Tafelberg

Tafelberg

Steine

M1 Lage des Elbsandsteingebirges

Aufgaben

1 Beschreibe die Entstehung des Elbsandsteingebirges (M2).

2 Warum ist das Elbsandsteingebirge für viele Touristen interessant?

3 Informiere dich über einen Erholungsort im Elbsandsteingebirge näher und berichte über ihn.

Im Elbsandsteingebirge

Die Elbe entspringt im tschechischen Riesengebirge in der Nähe von Spindlermühle. Nördlich von Děčín erreicht sie deutschen Boden und durchfließt das Elbsandsteingebirge. Ein Teil davon wird Sächsische Schweiz genannt und ist ein beliebtes Touristenzentrum.

Sarah ist mit ihren Eltern auf Tour durch die Sächsische Schweiz. Sie möchte wissen, warum dieser Teil des Elbsandsteingebirges so heißt. Er erhielt seinen Namen vor etwa 200 Jahren von zwei Schweizer Kunststudenten. Die wild zerklüfteten Berge erinnerten sie an ihre Heimat.

„Und warum ist dieses Gebirge so stark zerklüftet?", erkundigt sich Sarah.

Mit seinen einzelnen hoch aufragenden Felsen sieht es hier ganz anders aus als in den meisten anderen Mittelgebirgen.

Vor 100 Mio. Jahren war das Elbsandsteingebirge noch eine Sandsteinebene. Wind und Wasser haben das weiche Gestein im Laufe der Zeit abgetragen und mehrere ebene Flächen, die „Ebenheiten", gebildet. Nur besonders harte Felsblöcke sind nach Jahrmillionen dauernder Abtragung stehengeblieben. Sie bilden jetzt die Tafelberge. Dank seiner steil aufragenden Felsen ist die Sächsische Schweiz ein „Kletterparadies".

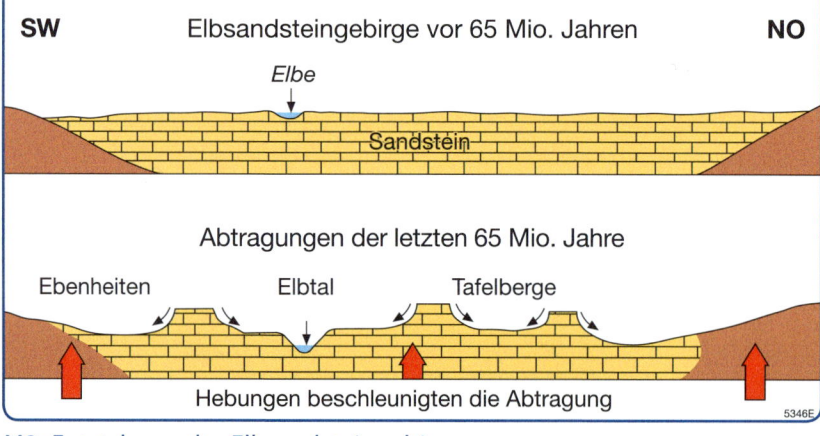

M2 Entstehung des Elbsandsteingebirges

M3 Kletterer an einem Felsen

Dresden erkunden

„Dresden ist für mich eine der schönsten Städte der Welt", sagte die Angestellte im Reisebüro zu Mister Miller aus den USA. „Jährlich kommen über sieben Millionen Touristen nach Dresden. Die Städtereise in die sächsische Landeshauptstadt ist genau das Richtige für einen Bildungsurlaub".

Bereits der erste Rundgang in Dresden übertrifft Mr. Millers Erwartungen. Dies gilt besonders für den Dresdner Zwinger und sein Kronentor. Er wurde von 1709 bis 1732 während der

Regierungszeit August des Starken erbaut. Wie die Semperoper oder die Hofkirche entstand der Zwinger im barocken Baustil.

All die prachtvollen Gebäude und Baudenkmäler und fast die gesamte Innenstadt lagen am Ende des Zweiten Weltkrieges (1939–1945) in Schutt und Asche. Für den Wiederaufbau der Frauenkirche wurden Gelder aus der ganzen Welt gespendet. Im Jahr 2005 konnte nach 60 Jahren wieder ein Gottesdienst in der Frauenkirche gefeiert werden.

Aufgaben

4 Du möchtest von der größten Stadt in deiner Umgebung mit der Eisenbahn nach Dresden fahren. An welchen Städten fährst du vorbei (Atlas)?

5 Welche Bauwerke des Kartenausschnittes (M4) sind im Text zu finden? Beschreibe ihre Lage. Nutze dazu auch Angaben aus dem Gitternetz.

Info

Was macht Winnetou in Radebeul?

Nördlich von Dresden liegt Radebeul. Der Reise- und Abenteuerschriftsteller Karl May hat hier, in der „Villa Shatterhand", seine letzten Lebensjahre verbracht. In der angrenzenden „Villa Bärenfett" befindet sich jetzt das bedeutendste Indianermuseum Europas. Die Ausstellungsstücke erzählen von dem Leben der Indianer Nordamerikas und von den zahlreichen Kämpfen mit den weißen Eindringlingen.

M4 Stadtkern von Dresden

M5 In Dresden an der Elbe

Die Oberrheinische Tiefebene

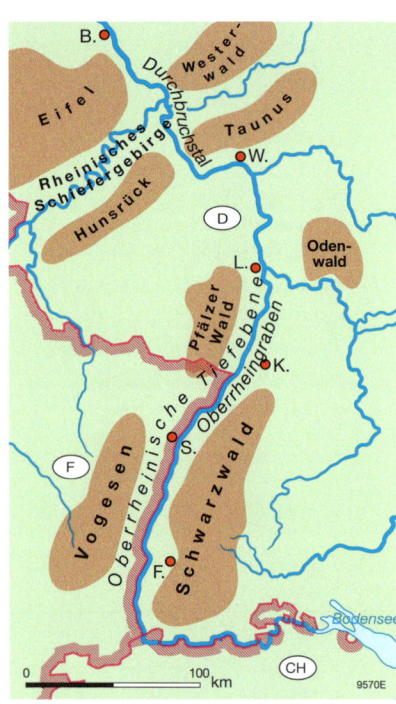

M1 Gebirge entlang des Rheins

Vom Bodensee bis zum Taunus fließt der Rhein auf einer Länge von etwa 300 Kilometern in einer breiten Ebene dahin. Dieser Teil des Rheins wird Oberrhein genannt, die Ebene deshalb Oberrheinische Tiefebene.

Vor vielen Millionen Jahren waren die heutige Tiefebene und die angrenzenden Gebirge ein zusammenhängendes Gebirge.

Als es im Inneren der Erde zu großen Erschütterungen kam, sank der Mittelteil des Gebirges in die Tiefe. Das dauerte viele Hunderttausend Jahre. Die seitlichen Teile wurden nach oben gepresst. Durch den Einbruch entstand eine ca. 30 Kilometer breite Senke. Sie gleicht einem Graben. Die Oberrheinische Tiefebene wird deshalb auch als Grabenbruch bezeichnet (M2).

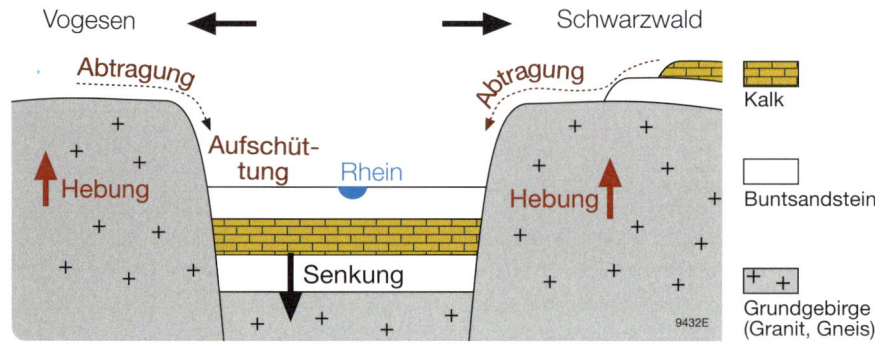

M2 Entstehung des Oberrheingrabens

Aufgaben

1 Beschreibe die Lage der Oberrheinischen Tiefebene und des Durchbruchstales des Rheins.

2 Welche Gebirge begrenzen die Oberrheinische Tiefebene?

3 Für Geoexperten:
Die Oberrheinische Tiefebene wird auch als Grabenbruch bezeichnet. Erkläre (M2).

M3 Im Breisgau

Durchbruchstal des Rheins

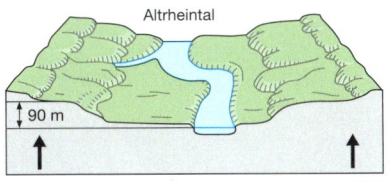

vor ca. 70 Mio. Jahren

Urrheintal

30 m

9567E

In einem engen Tal durchfließt der Rhein heute das Rheinische Schiefergebirge (M1). Am Ende der Erdmittelzeit war hier noch ein welliges, breites Flachland.

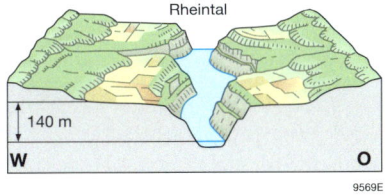

vor ca. 30 Mio. Jahren

Altrheintal

90 m

9568E

Zu Beginn der Erdneuzeit (im Tertiär) wurde das Gebiet durch erdinnere Kräfte langsam gehoben. Der Rhein schnitt sich in Jahrmillionen in das Gebirge ein.

heute

Rheintal

140 m

W   O

9569E

Der Rhein durchquert heute ein ganzes Gebirge. Das durch sein Einschneiden in das aufsteigende Gebirge entstandene Tal wird als Durchbruchstal bezeichnet.

M4 Entstehung des Durchbruchstales

Loreley

Der steil aufragende Loreley-Felsen befindet sich bei St. Goarshausen.
Das Rheintal ist hier sehr eng. Es ist für die Schifffahrt auch heute noch eine gefährliche Stelle. Früher kam es oft zu Schiffsunglücken. Bekannt wurde die Loreley durch ein Gedicht von Heinrich Heine (1797-1856).

Ich weiß nicht was soll es bedeuten,
dass ich so traurig bin;
ein Märchen aus uralten Zeiten,
das kommt mir nicht aus dem Sinn.
Die Luft ist kühl und es dunkelt,
und ruhig fließt der Rhein;
der Gipfel des Berges funkelt
im Abendsonnenschein.

Die schönste Jungfrau, die sitzet
dort oben wunderbar;
ihr goldnes Geschmeide blitzet,
sie kämmt ihr goldenes Haar.
Sie kämmt es mit goldenem Kamme
und singt ein Lied dabei;
das hat eine wundersame,
gewalt'ge Melodei.

Den Schiffer im kleinen Schiffe,
ergreift es mit wildem Weh;
er schaut nicht die Felsenriffe,
er schaut nur hinauf in die Höh.
Ich glaube, die Wellen verschlingen
am Ende Schiffer und Kahn;
und das hat mit ihrem Singen
die Loreley getan.

Heinrich Heine

M5 Im Rheintal: Loreley-Felsen

M1 Der Nürburgring – Grand-Prix-Strecke in der Eifel (von Norden aus gesehen)

In der Eifel: Motorsportspaß

www. nuerburgring.de

Das Mittelgebirge Eifel ist zum Teil auch Ergebnis von Vulkanausbrüchen vor rund 40 bis 50 Millionen Jahren. Noch heute brodelt die Erde in sogenannten Maaren (Vulkanseen).
Auf einem erloschenen Vulkan wurde die Nürburg errichtet.

Rund um diese Burg liegt eine bekannte internationale Motorsport-Rennstrecke, der „Nürburgring". In jedem Jahr finden hier Formel-1-Rennen und weitere Events wie Rock am Ring und Boxwettkämpfe statt.

Rund zwei Millionen Besucher erleben jährlich die Faszination der berühmten Rennstrecke. Und an Wochenenden kann der Besucher mit dem eigenen PKW oder dem Motorrad die Rennstrecke selbst testen.

Am Nürburgring ist auch ein großes Gewerbegebiet entstanden. Angesiedelt haben sich vor allem führende Unternehmen der Automobilindustrie. Warum gerade diese, das kannst du dir sicher denken.

Aufgaben

1 Erkläre die Aussage: „Die Eifel ist ein unruhiger Raum" (Text).

2 Informiere dich über andere Rennstrecken in Deutschland.

Oberhof im Winter und im Sommer

Weit mehr als 100 000 Touristen besuchen jedes Jahr Oberhof, einen Ort im Thüringer Wald. Was macht die unweit des beliebten Wanderweges Rennsteig gelegene Stadt so interessant?

Der Ort ist bekannt für seine zahlreichen Wintersportanlagen. Viele Events finden hier im Winter statt. Ob im Biathlonstadion „Rennsteig-Arena", an der Schanze oder der Rodelbahn, Wettkampfatmosphäre und Spannung live sind hier garantiert.

Auch im Sommer kommen viele Touristen nach Oberhof. Der Ort ist Ausgangspunkt für Wanderungen entlang des Rennsteiges oder zur höchsten Erhebung Thüringens, dem Großen Beerberg mit 982 Metern.

„Skilanglauf seit heute das ganze Jahr über in Oberhof möglich" – diese Schlagzeile konnte man Ende August 2009 in den Zeitungen lesen. Für Spitzensportler, Langläufer und Biathleten wurde ein knapp zwei Kilometer langer Skitunnel gebaut. Es ist der erste und bis jetzt einzige in Deutschland. Der Kunstschnee liegt in dem Tunnel 40 cm hoch. Eingebaut sind Abfahrten und anspruchsvolle Steigungen. Der Skitunnel steht auch Hobbysportlern zur Verfügung.

Aber nicht alle sind vom Skitunnel begeistert. Sein Bau hat tiefe Spuren in der Landschaft hinterlassen. Viele Bäume mussten gefällt werden (S. 74, M1). Außerdem kostet die Anlage viel Energie.

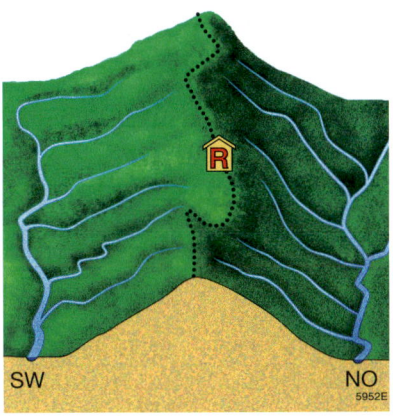

M2 Blockprofil: Thüringer Wald mit Rennsteig

www.oberhof.de

Aufgaben

3 **Beschreibe die Lage von Oberhof (Atlas).**

4 **Nenne Möglichkeiten der Freizeitgestaltung im Sommer und im Winter (Text, Internet).**

5 **Erläutere, was du unter Eventtourismus verstehst (Text).**

Info

Rennsteiglauf

Der Guts-Muths-Rennsteiglauf entwickelte sich seit 1973 zu einem Massen- und Volkssportlauf. Man bietet Strecken für jedes sportliche Niveau an: für Trainierte, Kinder, Behinderte, Wanderer.
Jährlich im Mai testen immer mehr Sportler auf unterschiedlichen Streckenlängen ihr Leistungsvermögen.

Sport

M3 Publikumsmagnet Biathlon-Weltcup

Sich über Tourismus austauschen

M1 Blick auf den Skitunnel in Oberhof

M2 Schäden durch Bergwanderer

So geht ihr vor

1. Sammelt Informationen über das Thema (zum Beispiel Region, Problem, Vor- und Nachteile).

2. Teilt verschiedene Rollen unter euch auf, nutzt Rollenkarten.

3. Tauscht eure Meinungen aus.

4. Formuliert einen gemeinsamen Lösungsvorschlag.

Eine Schülerin:
– verbringt gern ihre Freizeit aktiv
– möchte das ganze Jahr über Ski fahren
– freut sich über jedes Angebot

Ein älteres Ehepaar:
– wohnt schon sehr lange hier
– liebt die Ruhe in der Natur
– wandert gern, beobachtet Tiere

Tourismus – Vor- und Nachteile

Der Bürgermeister:
– lädt zum Gespräch ein
– möchte den Erholungsort mit vielen Arbeitsplätzen entwickeln

Ein Hotelbesitzer:
– möchte sein Hotel vermarkten
– will seinen Gästen über das gesamte Jahr Abwechslung bieten

Ein Mitarbeiter der Nationalparkverwaltung:
– will die Natur schützen
– warnt vor Gefahren
– möchte Schönheiten zeigen

Ein Mitarbeiter im Tourismus-büro:
– ist für ein vielfältiges Angebot
– setzt sich für den sanften Tourismus ein
– schlägt andere Projekte vor

M2 Rollenkarten

Gewusst – gekonnt

1 Bilderrätsel

Finde die geographischen Objekte heraus. Beschreibe ihre Lage.

Kurort in Baden-Württemberg

Beliebtes Ausflugsziel in Sachsen

E = Mo

Nebenfluss des Rheins

Berg im Harz

H = S ¢ +n

Stadt an der deutsch-französischen Grenze

2 Kennst du dich aus?

Finde die Gebirge und ordne sie dem jeweiligen Bundesland zu. Nutze den Atlas.

THÜ	WALD	ELB	GE	RIN
SCHE	FER	GE	ERZ	GE
BI	SCHWÄ	BIR	GER	RHEI
ALB	GE	GE	BIR	WALD
SCHIE	SCHWARZ	STEIN	SCHES	WALD
BIR	SAND	GE	ODEN	NI

3 Richtig oder falsch?

Suche in den Zuordnungen je einen fehlerhaften Begriff.

a) Merkmale der Oberflächen: abgerundete Berge, Hochflächen, Täler, Granitfelsen, Gletscher,

b) Talsperren: Energieerzeugung, Hochwasserschutz, Trinkwassergewinnung, Erholung, Brandung,

c) Klima: Lee, Steigungsregen, Regenschatten, Baumgrenze, Luv

! Das kannst du jetzt:

– die Vielfalt der Mittelgebirgsland- schaft beschreiben,

– einfache Zusammenhänge zwischen Oberflächengestalt – Klima – Vege- tation am Beispiel eines Gebirges darstellen,

– sich über Vor- und Nachteile einer touristischen Nutzung austauschen.

Du kannst dabei folgenden Fachbegriff anwenden:
Tourismus

Wirtschaftsräume im Wandel

Am Ende
dieses Kapitels
kannst du:

– die Wirtschaftsbereiche nennen
  und ihre Verteilung mithilfe von
  thematischen Karten beschreiben,
– Voraussetzungen für eine
  vielfältige Nutzung bewerten,
– Aufgaben und Wandel der
  Landwirtschaft beschreiben,
– einen Industrieraum untersuchen.

Wirtschaft im Überblick

Aufgaben

1 Beschreibe die Bereiche der Wirtschaft (M1). Ordne ihnen Berufe zu.

2 Nenne Betriebe und Wirtschaftsunternehmen deines Heimatortes. Ordne auch sie den Wirtschaftsbereichen zu.

Deutschland ist ein hoch entwickeltes Industrieland mit einer leistungsfähigen Landwirtschaft.

Jeden Tag wird der Begriff Wirtschaft entweder in der Zeitung oder in den Nachrichten verwendet. Hast du dir schon einmal überlegt, was er bedeutet und was alles dazu gehört?

Die Landwirtschaft ist die früheste Form der wirtschaftlichen Tätigkeit des Menschen. Neben dem Ackerbau gehört auch die Viehwirtschaft zu diesem Wirtschaftsbereich.

Zum zweiten Wirtschaftsbereich gehören Handwerk/Gewerbe, Industrie und Bauwirtschaft. Hier werden Rohstoffe und Halbfabrikate zu Industrieprodukten verarbeitet.

Der jüngste Teil der Wirtschaft ist der Dienstleistungsbereich. Dieser Bereich umfasst alles, was die Versorgung der Menschen mit Gütern betrifft und ihrer Betreuung dient.

Info

Begriff Wirtschaft

Unter dem Begriff Wirtschaft werden alle Tätigkeiten der Menschen zur Herstellung, Beschaffung und Verwendung von Produkten (Gütern) und Dienstleistungen zusammengefasst.

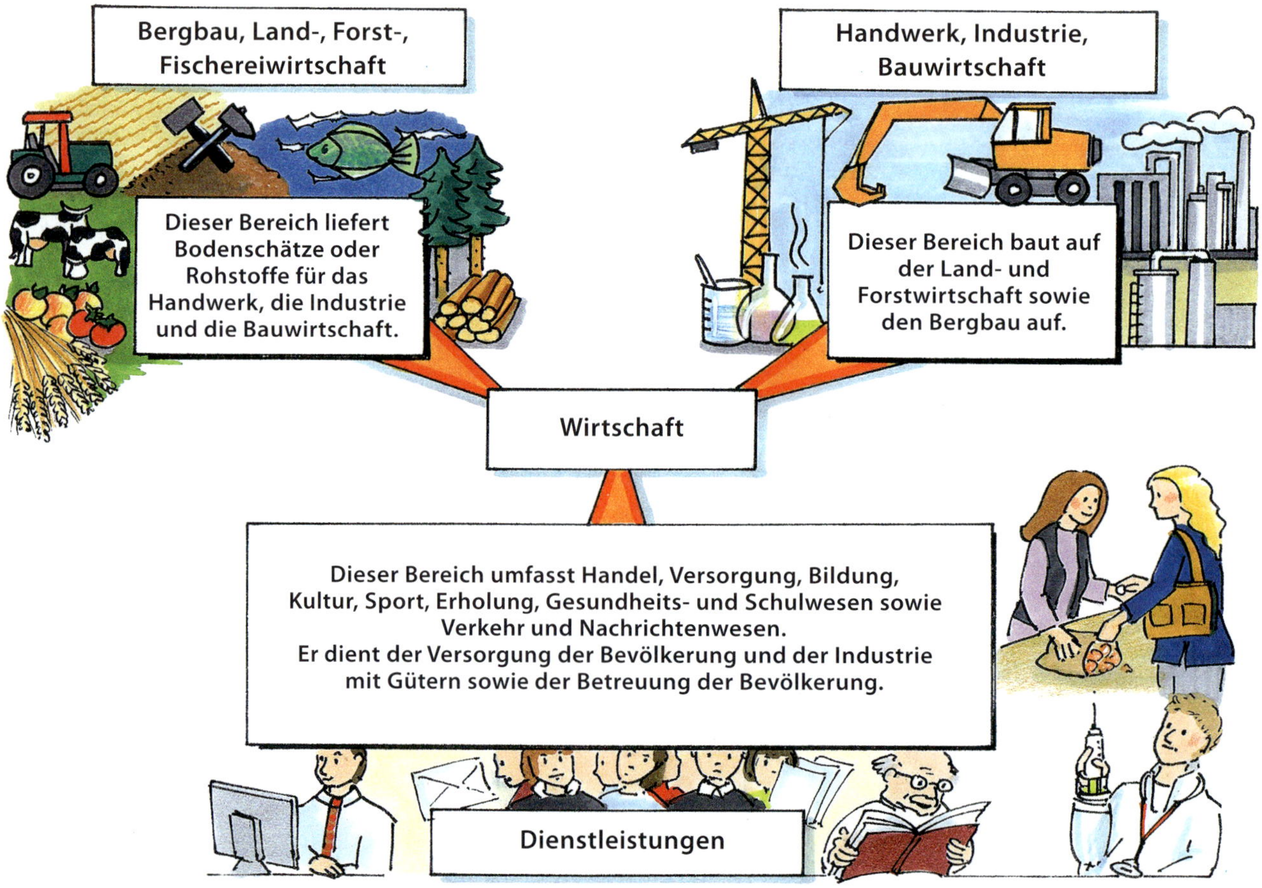

Bergbau, Land-, Forst-, Fischereiwirtschaft

Dieser Bereich liefert Bodenschätze oder Rohstoffe für das Handwerk, die Industrie und die Bauwirtschaft.

Handwerk, Industrie, Bauwirtschaft

Dieser Bereich baut auf der Land- und Forstwirtschaft sowie den Bergbau auf.

Wirtschaft

Dieser Bereich umfasst Handel, Versorgung, Bildung, Kultur, Sport, Erholung, Gesundheits- und Schulwesen sowie Verkehr und Nachrichtenwesen.
Er dient der Versorgung der Bevölkerung und der Industrie mit Gütern sowie der Betreuung der Bevölkerung.

Dienstleistungen

M1 Wirtschaftsbereiche

Aufgaben der Landwirtschaft

Die Bauern in Deutschland produzieren einen Großteil der Nahrung, die wir täglich brauchen. Durch
Ackerbau und Viehzucht wird die Ernährung der
Bevölkerung gesichert. Die meisten Produkte ge-
langen aber nicht direkt zu den Verbrauchern, sondern werden vorher in den Betrieben der Lebens-
mittelindustrie verarbeitet.

Die Landwirtschaft ist aber auch ein wichtiger Zu-
lieferer für verschiedene Bereiche der Wirtschaft.
So erzeugen die Bauern Rohstoffe, die in der Industrie zum Beispiel zur Herstellung von Lederwaren,
Biodiesel oder Arzneimitteln benötigt werden.

M2 Pausenbrötchen

M3 Im Supermarkt

M4 Rapsfeld mit Bienenstöcken

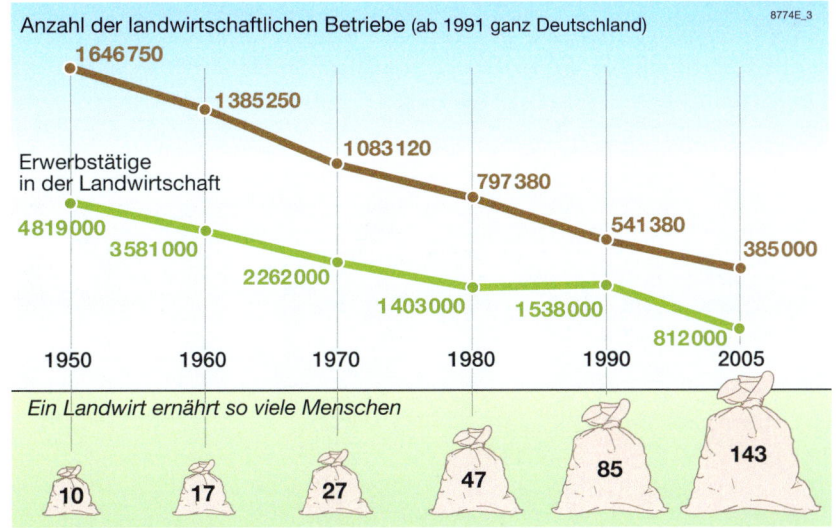

Anzahl der landwirtschaftlichen Betriebe (ab 1991 ganz Deutschland)   8774E_3

1 646 750
1 385 250
1 083 120
797 380
541 380
385 000

Erwerbstätige
in der Landwirtschaft

4 819 000
3 581 000
2 262 000
1 403 000
1 538 000
812 000

1950   1960   1970   1980   1990   2005

Ein Landwirt ernährt so viele Menschen

10   17   27   47   85   143

M5 Die deutsche Landwirtschaft im Wandel

Aufgaben

3 Nenne die Aufgaben der
Landwirtschaft.

4 Erkunde zu Hause in der
Küche oder Vorratskammer
Nahrungsmittel: Nenne zehn
verschiedene, mindestens fünf
von ihnen sollen in Deutschland hergestellt worden sein.

5 Beschreibe mithilfe von M5
den Wandel in der deutschen
Landwirtschaft.

Haus-
wirt-
schaft

Abhängigkeit vom Naturraum

Nicht alle Gebiete Deutschlands eignen sich gleich gut für die Landwirtschaft (M1). Vor allem die Oberflächenformen, das Klima und der Boden beeinflussen die landwirtschaftliche Nutzung. Auf ertragreichen Böden betreiben die Landwirte überwiegend Ackerbau: Sie bauen Feldfrüchte an wie Getreide, Kartoffeln oder Zuckerrüben. In Gebieten mit hohen Niederschlägen und nassen Böden bringt der Ackerbau nur geringe Erträge. Dort findet man vor allem Grünland mit Milchkühen.

Die Grünlandwirtschaft gibt es im Norddeutschen Tiefland, in den Tälern der Mittelgebirge und im Alpenvorland.
Die Schweine- und Hühnerhaltung ist unabhängig vom Boden, denn das Futter wird zum größten Teil eingekauft.
Waldreiche Gebiete werden forstwirtschaftlich genutzt: Bäume werden gefällt, das Holz wird verkauft und die freien Flächen werden wieder aufgeforstet. Diese Art der Nutzung gibt es vor allem in den Mittelgebirgen.

Aufgaben

1 Beschreibe die Verteilung der Agrarräume in Deutschland. Ordne ihnen landwirtschaftliche Erzeugnisse zu.

2 Suche Gunsträume, in denen Wein oder Gemüse angebaut wird.

M1 Deutschland – landwirtschaftliche Nutzung

Ackerbau
- auf sehr guten und guten Böden
- auf nährstoffärmeren Böden
- Weizen
- Zuckerrüben

Viehwirtschaft
- Grünland
- Rinder
- Schweine
- Hühner

Forstwirtschaft
- forstwirtschaftlich genutzter Wald

Ölpflanzen
- Raps

Sonderkulturen
- Obst
- Gemüse
- Wein
- Hopfen

Dungau bedeutende landwirtschaftliche Region

dicht besiedeltes Gebiet

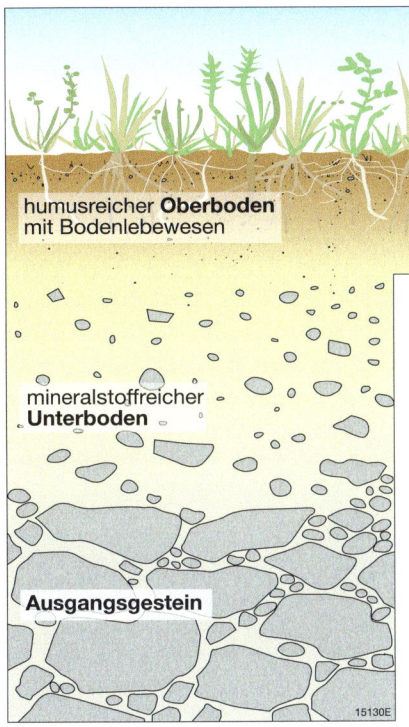

Streu und Humus

humusreicher **Oberboden**
mit Bodenlebewesen

mineralstoffreicher
Unterboden

Ausgangsgestein

15130E

M2 Bodenprofil

M3 Bodenarten (links Sand / rechts Ton)

In den Boden geschaut

Nicht alle Pflanzen wachsen auf allen Böden gleich gut. Um hohe Erträge erzielen zu können, müssen die Landwirte, Gärtner und Kleingärtner den von ihnen bewirtschafteten Boden ganz genau kennen. Erfahrene Bauern können die Art des Bodens und seine Qualität bereits dadurch bestimmen, indem sie etwas Boden in die Hand nehmen und die Krumen zwischen den Fingern zerreiben: Sandboden zum Beispiel knirscht zwischen den Fingern. Tonboden hingegen fühlt sich im trockenen Zustand hart und glatt, bei Nässe aber glitschig an. In Baugruben kannst du sogar ganz tief in den Boden hineinschauen. Du erkennst unterschiedlich gefärbte Boden-schichten (auch Horizonte ge-nannt), die zusammen ein Boden-profil ergeben (M2).

So gehst du vor

1. Nenne die Anzahl der Bodenhorizonte.

2. Miss ihre Mächtigkeit (Tiefe).

3. Beschreibe die Bodenhori-zonte, zum Beispiel ihre Far-be, Durchsetzung mit Wur-zeln, vorhandene Kleintiere, Feuchtigkeit, Korngröße.

Aufgaben

3 Welcher Boden kommt in deinem Heimatgebiet vor?

4 Beschreibe das Bodenprofil der Schwarzerde (M4).

M4 Ein Stück Boden (Schwarzerde)

Bio

81

In den Börden

M1 In der Magdeburger Börde

Ackerbau in den Börden

Börden sind sehr fruchtbare Landschaften (althochdeutsch: beran = hervorbringen, fruchtbar sein). Sie liegen zwischen Norddeutschem Tiefland und den Mittelgebirgen. Nahezu wie ein Band erstrecken sich die Börden vom Westen im Rheingebiet bis nach Osten in Sachsen. Hier herrscht die nährstoffreiche Schwarzerde vor, die sich seit dem Ende der Eiszeit auf Löss entwickelte (Info-Box).

Die Börden gehören zu den ältesten Siedlungsgebieten. Sie bieten für den Ackerbau beste Bedingungen. Durch die guten Böden und klimatischen Verhältnisse gedeihen hier anspruchsvolle Pflanzen. Vor allem Weizen und Zuckerrüben können angebaut werden. Dies geschieht zumeist im Fruchtwechsel und unter Düngerzugabe. So soll die Bodenfruchtbarkeit erhalten bleiben.

M2 Zuckerrübenanbau

M3 Weizenanbau

M4 Gemüseanbau

Maschinen erleichtern die Arbeit

Früher erfolgte die Arbeit auf den Feldern noch fast ohne Maschineneinsatz. Die Bauern und ihre Familien bewirtschafteten die Äcker. Besonders während der Ernte wurden viele Hilfskräfte eingestellt, damit die Feldfrüchte schnell genug eingeholt werden konnten.

Heute arbeiten die Bauern mit speziellen technischen Geräten, die ihnen die Arbeit wesentlich erleichtern (M5).
Die Mechanisierung der Landwirtschaft hat einige Vorteile gebracht. Die Feldarbeiten können mit speziellen Geräten besser auf die jeweiligen Anbaufrüchte abgestimmt und schneller ausgeführt werden. Große Felder sind dabei von Vorteil. Die Bauern können dadurch ihre Felder meistens allein bewirtschaften.

Im Osten Deutschlands gab es bis 1990 Landwirtschaftliche Produktionsgenossenschaften (LPG). Viele davon waren auf den Ackerbau spezialisiert.

Es existierten große Felder. Nach 1990 wurden die LPG in Agrargesellschaften oder bäuerliche Einzelwirtschaften umgewandelt.

Weizen

Roggen

Gerste

M6 Getreidearten

Aufgaben

3 Aus M5 auf S. 79 hast du erfahren, dass immer weniger Menschen in der Landwirtschaft beschäftigt sind und ein Landwirt immer mehr Menschen ernähren kann. Nenne Gründe dafür.

4 Führt eine Erkundung in einem landwirtschaftlichen Betrieb durch.

Arbeitsheft

M5 Maschineneinsatz beim Weizenanbau

M1 Lage der Magdeburger Börde in Deutschland

M2 Zuckergehalt von Speisen und Getränken

Aufgaben

1 Nenne Lebensmittel, in denen Zucker enthalten ist. Welche davon hast du heute schon verzehrt?

2 Beschreibe den Anbau der Zuckerrübe (Aussaat und Ernte).

3 Für Geoexperten:

Informiere dich über eine tropische Pflanze, aus der auch Zucker gewonnen wird. Berichte darüber.

Zuckerrüben aus der Magdeburger Börde

Ein Lastwagen der Zuckerfabrik Klein-Wanzleben wartet vor der Schokoladenfabrik in Delitzsch bei Leipzig darauf, entladen zu werden. Die 20 t Zucker in den Tanks haben schon einen langen Weg hinter sich.

Auf einem Acker in der Magdeburger Börde beginnt der Weg. Dort baut Familie Flemming Zuckerrüben an. Schon Ende April hat Frau Flemming mit einer Einzelkorn-Sämaschine die Rübensamen in den lockeren Boden gesetzt, Körnchen für Körnchen in genau 30 cm Abstand. Zuckerrüben sind anspruchsvolle Pflanzen.

Daher ist der fruchtbare Boden der Magdeburger Börde für sie bestens geeignet.

Die Ernte der Rüben beginnt im September und geschieht mithilfe einer großen Rübenrodemaschine (M4). Sie schneidet zuerst die Blätter ab, holt die Rüben dann aus dem Boden und sammelt sie in einem Behälter, bis sie auf große Lastwagen zum Abtransport in die Zuckerfabrik verladen werden. Die Rübenblätter verkauft Familie Flemming als Viehfutter an einen Nachbarhof.

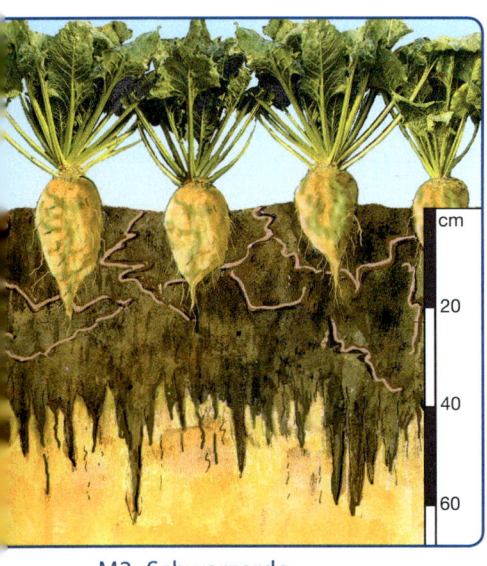

M3 Schwarzerde

M4 Rübenvollernter

M5 Zuckerfabrik

Vom Feld zur Schokoladenfabrik

Die Zuckerrüben müssen nach der Ernte bald weiterverarbeitet werden, denn ihr Zuckergehalt nimmt relativ schnell ab. Deshalb befinden sich die Zuckerfabriken in den Anbaugebieten.

Transportunternehmen bringen die Rüben von Familie Flemming auf dem schnellsten Weg nach Klein-Wanzleben in die Zuckerfabrik. Dort werden sie gewaschen, geschnitten, gekocht und ausgepresst. Aus Zuckersirup entsteht schließlich weißer Zucker.
Die Rübenschnitzel kann man wieder als Viehfutter verwenden.

Bereits Ende Dezember sind alle Rüben verarbeitet. Aus den etwa 70 Tonnen Zuckerrüben der Familie Flemming wurden in der Fabrik zehn Tonnen Zucker gewonnen. Diese stehen nun vor der Schokoladenfabrik. Sie warten darauf, verarbeitet zu werden. Ob daraus noch Nikolaus-Figuren oder schon Osterhasen aus Schokolade hergestellt werden, das wird sich noch entscheiden.

M6 Zuckerrüben auf einem Transportband in einer Zuckerfabrik

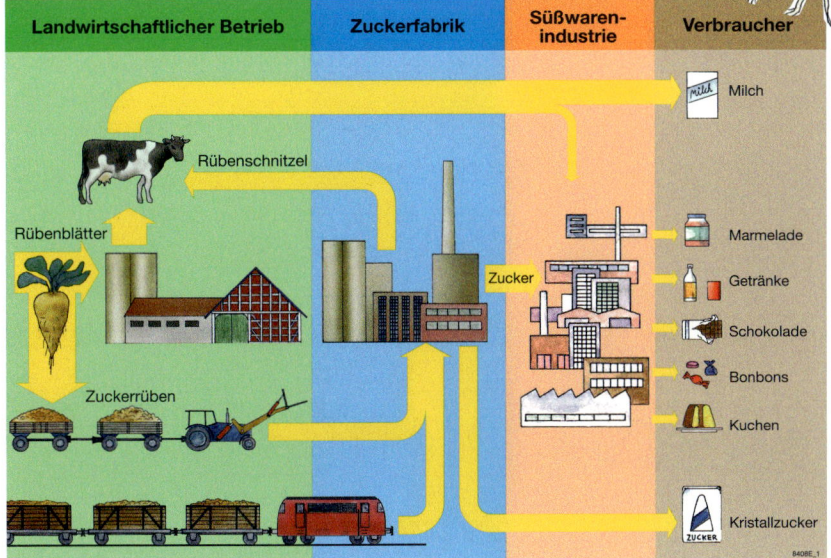

M7 Der Weg des Zuckers

Aufgaben

4 Beschreibe den Weg des Zuckers vom Rübenfeld bis zum Verbraucher (Text und M7).

5 Nenne die Namen von Fabriken in Sachsen-Anhalt, in denen Zucker verarbeitet wird (zum Beispiel Schokoladen-, Marmeladen-, Getränke-, Backwarenfabriken). Sammle Etiketten.

Viehwirtschaft

Industrialisierte Landwirtschaft

M1 Lage von Oldenburg in Deutschland

Wie in Sachsen-Anhalt, so gibt es auch in Südoldenburg (Niedersachsen) landwirtschaftliche Betriebe mit mehreren Tausend Mastschweinen oder über einer Million Legehennen. Diese Art von Landwirtschaft nennt man Massentierhaltung.

Die Böden im Raum südlich von Oldenburg sind nicht sehr fruchtbar. So haben sich viele Landwirte auf die Tierhaltung spezialisiert. Sie bauen auf ihren Feldern aber nur einen Teil der Futterpflanzen selbst an.

Die Landwirte kaufen als Kraftfutter eine Mischung aus Mais, Getreide und Soja hinzu. Die Massentierhaltung funktioniert so ähnlich wie die Produktion in der Industrie: Der einzelne Mastbetrieb ist nur ein Teil einer Fertigungskette mit Zulieferbetrieben und Kunden. Man spricht deshalb auch von der industrialisierten Landwirtschaft. Sie erlaubt eine sehr kostengünstige Produktion. Dies kommt den Verbrauchern entgegen, die billige Fleisch- und Wurstwaren kaufen wollen.

Proteste gegen Schweinemastanlage

Sachsen-Anhalt, Landkreis Mansfelder Land. Ein riesiger Schweinestall mit 15 000 Tieren soll 2010 im Landkreis gebaut werden. Die Bewohner umliegender Orte sind dagegen. Sie befürchten Geruchsbelästigungen und Gülletransporte rund um die Uhr.

Gülle ist ein Gemisch aus Kot und Urin der Schweine. Sie ist ein natürlicher Dünger. Aber es dürfen nur geringe Mengen auf die Äcker gebracht werden. Zu viel Gülle kann zur Überdüngung des Bodens führen und das Grundwasser belasten.

Aufgaben

1 Erläutere, was du unter Massentierhaltung verstehst.

2 Welche Tiere werden häufig so gehalten?

3 Nenne Vor- und Nachteile dieser Art der Tierzucht.

M2 Ausbringen der Gülle

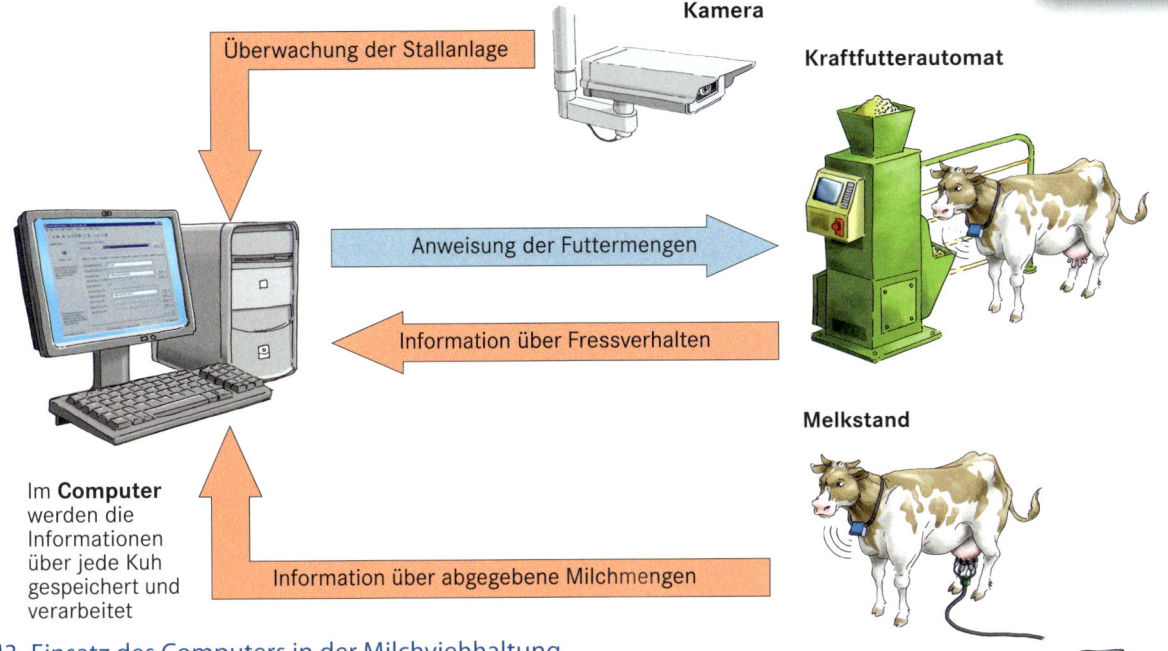

Kamera

Überwachung der Stallanlage

Kraftfutterautomat

Anweisung der Futtermengen

Information über Fressverhalten

Melkstand

Im **Computer** werden die Informationen über jede Kuh gespeichert und verarbeitet

Information über abgegebene Milchmengen

M3 Einsatz des Computers in der Milchviehhaltung

0037A

Hightech im Kuhstall

Den Kuhstall seiner Eltern hat Max umfangreich modernisiert. „Viele Menschen machen sich von uns Landwirten ein falsches und völlig veraltetes Bild. Auch wir sind in der modernen Wirtschaft angekommen", sagt er lachend.

„54 glückliche Kühe stehen im Stall. Kuh-Komfort ist die Devise. Denn nur Kühe, die sich wohl fühlen, geben hohe Milchleistungen".
Die Tiere können sich im Stall frei zwischen den einzelnen Liegeboxen, dem Fressplatz und Melkbereich bewegen. Wann ein Tier gemolken werden möchte, entscheidet es selbst. Im halbautomatischen Melkstand erscheint auf einem Display die Nummer der Kuh, ein Chip im Ohr sendet alle Informationen über den Zustand des Tieres an den Computerserver.

Auch die Futterration für jede Kuh wird durch den Fütterungsautomaten freigegeben. In den mit weichen Liegematten ausgestatteten Boxen ruhen sie sich aus. Zwischendurch können sie auf dem Laufhof frische Luft tanken oder an den rotierenden Bürsten Körperpflege betreiben.

M4 Wellness im Kuhstall

Aufgaben

4 Beschreibe, welche Aufgaben der Computer im Kuhstall übernehmen kann (Text, M3).

5 Informiert euch im Supermarkt über Milchprodukte und ihre Herkunft.

87

Sonderkulturen

Sonderkulturen

Sonderkulturen sind Nutzpflanzen, die mit hohem Aufwand an Arbeitskraft, Sorgfalt und Geld meist auf kleinen Flächen angebaut werden. Dies können mehrjährige Pflanzen sein, wie beim Obst-, Wein-, Hopfen- oder Spargelanbau, aber auch einjährige Pflanzen wie Gemüse oder Tabak.

M1 Gurkenernte im Spreewald

Gemüseanbau im Spreewald

Der Spreewald liegt in einer großen Niederungslandschaft. In dieses breite Tal floss die von Süden kommende Spree. Das geringe Gefälle führte dazu, dass die Spree mitgeführtes Material ablagerte.

So musste sich das Wasser viele Abflusswege suchen. Eine Vielzahl von Wasserarmen bildete sich. Schon lange, bevor sich der Spreewald zu einem Touristengebiet entwickelte, war er für seine landwirtschaftlichen Sonderkulturen bekannt.

Das wachsende Berlin wurde seit Anfang des 20. Jahrhunderts zu einem wichtigen Absatzgebiet für Produkte aus dem Spreewald. Die Spreewaldbauern transportierten Frischgemüse mit der Bahn oder auf dem Wasserweg in die Stadt. So wie früher bestellen sie ihre Felder vor allem mit Gurken, Zwiebeln, Meerrettich, aber auch mit Tomaten, Mohrrüben und Knoblauch. Konserven aus dem Spreewald findest du in fast jedem Supermarkt.

www.spreewald.de

Aufgaben

1 Erläutere den Begriff Sonderkultur.

2 Beschreibe die Lage des Spreewaldes und berichte über das Leben im Spreewald.

3 Suche in einem Supermarkt nach Produkten aus dem Spreewald.

M2 Produkte aus dem Spreewald

M3 Moseltal bei Bremm. Der Calmont ist der steilste Weinberg Europas.

M4 Lage der Weinbaugebiete in Deutschland

Aufgaben

4 Beschreibe die Lage der Weinbaugebiete in Deutschland (M4, Atlas).

5 Weshalb gehört Wein zu den Sonderkulturen?

Arbeitsheft

Weinbau an der Mosel

Die Sonderkultur Wein ist eine Wärme liebende Pflanze. Deshalb gedeihen die Reben besonders gut im Süden Europas. In Deutschland wird Wein an sonnigen Südhängen von Flüssen angebaut (M4). Das Moseltal ist dafür besonders begünstigt. Hier herrscht eine hohe Jahresmitteltemperatur (11 °C) und es fallen ausreichend Niederschläge (600-700 mm).

Von der Arbeit im Weinberg

Das gesamte Jahr über müssen die Winzer ihre Weinberge pflegen: Reben werden geschnitten, Dünger und Pflanzenschutzmittel ausgebracht, der Wein gelesen (M5). Die meisten Arbeiten erfolgen noch immer von Hand, da an den steilen Hängen kaum Maschinen eingesetzt werden können. Viele Winzer haben sich zu Genossenschaften zusammengeschlossen.

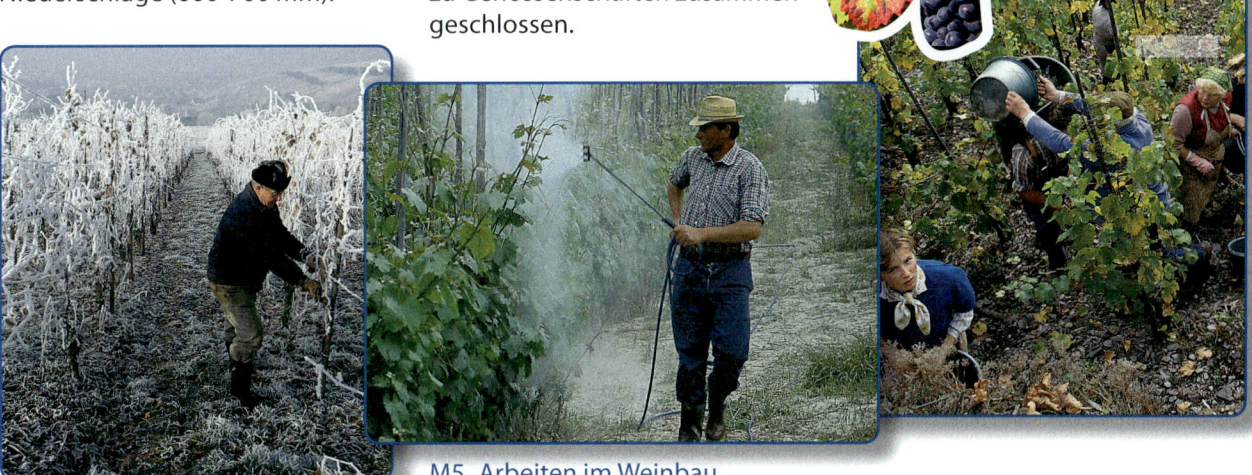

M5 Arbeiten im Weinbau

89

Ökologische Landwirtschaft

M1 Mit diesem Siegel werden Erzeugnisse aus der biologischen Landwirtschaft, auch ökologische Landwirtschaft genannt, gekennzeichnet. Bio-Betriebe müssen bestimmte Voraussetzungen erfüllen, zum Beispiel artgerechte Tierhaltung, Verwendung von natürlichem Dünger, Futter von unbehandelten Pflanzen.

Frau Mues ist Landwirtin und arbeitet auf dem Lindhof. Sie berichtet: „Auf einem Ökohof sind der Anbau von Kulturpflanzen und die Tierhaltung anders organisiert als in der herkömmlichen Landwirtschaft. Durch eine schonende Wirtschaftsweise versuchen wir, die natürlichen Abläufe im Boden möglichst wenig zu beeinflussen.

Auch die Bedürfnisse der Tiere haben bei uns einen besonders hohen Stellenwert." Auf den Feldern des Lindhofes wird kein künstlicher Dünger, sondern nur die von den eigenen Tieren erzeugte Gülle verwendet. Kleegras ist fester Bestandteil der Fruchtfolge, um die Bodengüte auf natürliche Weise zu steigern.

Die Ackerfrüchte haben eine bestimmte Reihenfolge, damit Schädlinge abgehalten werden. Bei der Unkrautbekämpfung verzichtet man beim ökologischen Landbau auf den Einsatz von chemischen Mitteln. Mit einem großen Gasbrenner wird das Unkraut abgeflammt.

„Unsere Tiere haben mehr Platz als in Betrieben der herkömmlichen Landwirtschaft. Die ganzjährige Stallhaltung ohne Auslauf ist beim ökologischen Landbau verboten. In den Sommermonaten verbringen die Tiere viel Zeit auf den Weiden. Die Gesundheit kann durch die frische Luft und die Sonneneinstrahlung gefördert werden."

Aufgaben

1 Beschreibe die Besonderheiten beim Anbau von Kulturpflanzen und bei der Tierhaltung in der ökologischen Landwirtschaft.

2 Nenne Gründe, weshalb die ökologische Wirtschaftsweise nicht auf die gesamte Landwirtschaft zu übertragen ist.

3 Vergleiche die Erträge und die Preise in der herkömmlichen mit denen in der ökologischen Landwirtschaft (M8).

M2 Landwirtin

M3 Hühnerhaltung im Freiland

M4 Feldbestellung

M5 Der Lindhof

Vermarktung der Produkte

M6 Der Hofladen

Die Waren aus dem ökologischen Landbau werden überwiegend im eigenen Hofladen und auf nahe gelegenen Wochenmärkten verkauft. Die Wege zu den Verbrauchern sollen möglichst kurz sein, um die Umwelt nicht durch übermäßigen Schadstoffausstoß der Transportfahrzeuge zu belasten. Über den Ökogroßhandel wird ebenfalls ein Teil der Produkte verkauft. Außerdem werden die Waren nur saisonal angeboten, Erdbeeren nur im Mai und Juni. Diese naturnahe Wirtschaftsweise ist sehr aufwendig. Aus diesem Grund sind die Produktionskosten höher als in der herkömmlichen Landwirtschaft. Die Ökobauern können ihre Produkte deshalb auch nur zu höheren Preisen anbieten.

M7 Verkaufsstand auf dem Wochenmarkt

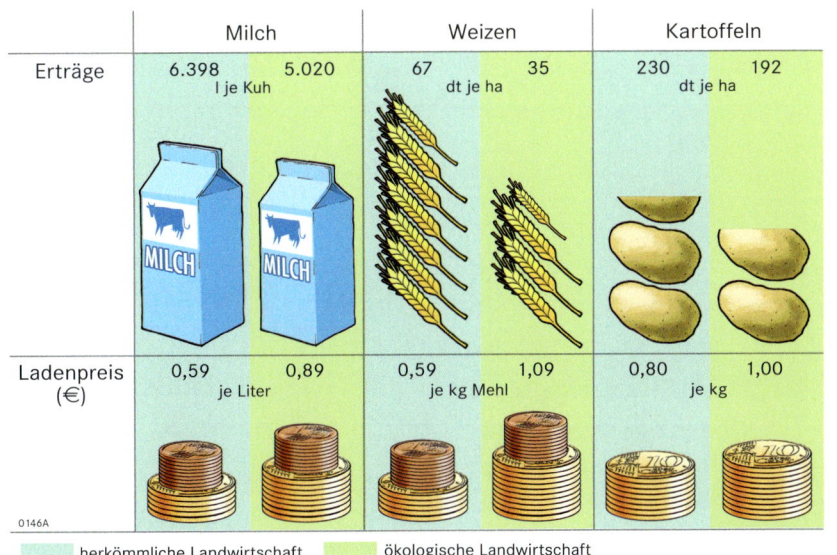

	Milch		Weizen		Kartoffeln	
Erträge	6.398	5.020	67	35	230	192
	l je Kuh		dt je ha		dt je ha	
Ladenpreis (€)	0,59	0,89	0,59	1,09	0,80	1,00
	je Liter		je kg Mehl		je kg	

0146A

■ herkömmliche Landwirtschaft   ■ ökologische Landwirtschaft

M8 Erträge und Preise in der herkömmlichen und in der ökologischen Landwirtschaft (2008)

Aufgaben

4 Erläutere, wo die produzierten Waren der ökologischen Landwirtschaft verkauft werden.

5 Befrage deine Eltern, ob sie Produkte aus ökologischem Anbau kaufen. Frage auch nach den Gründen.

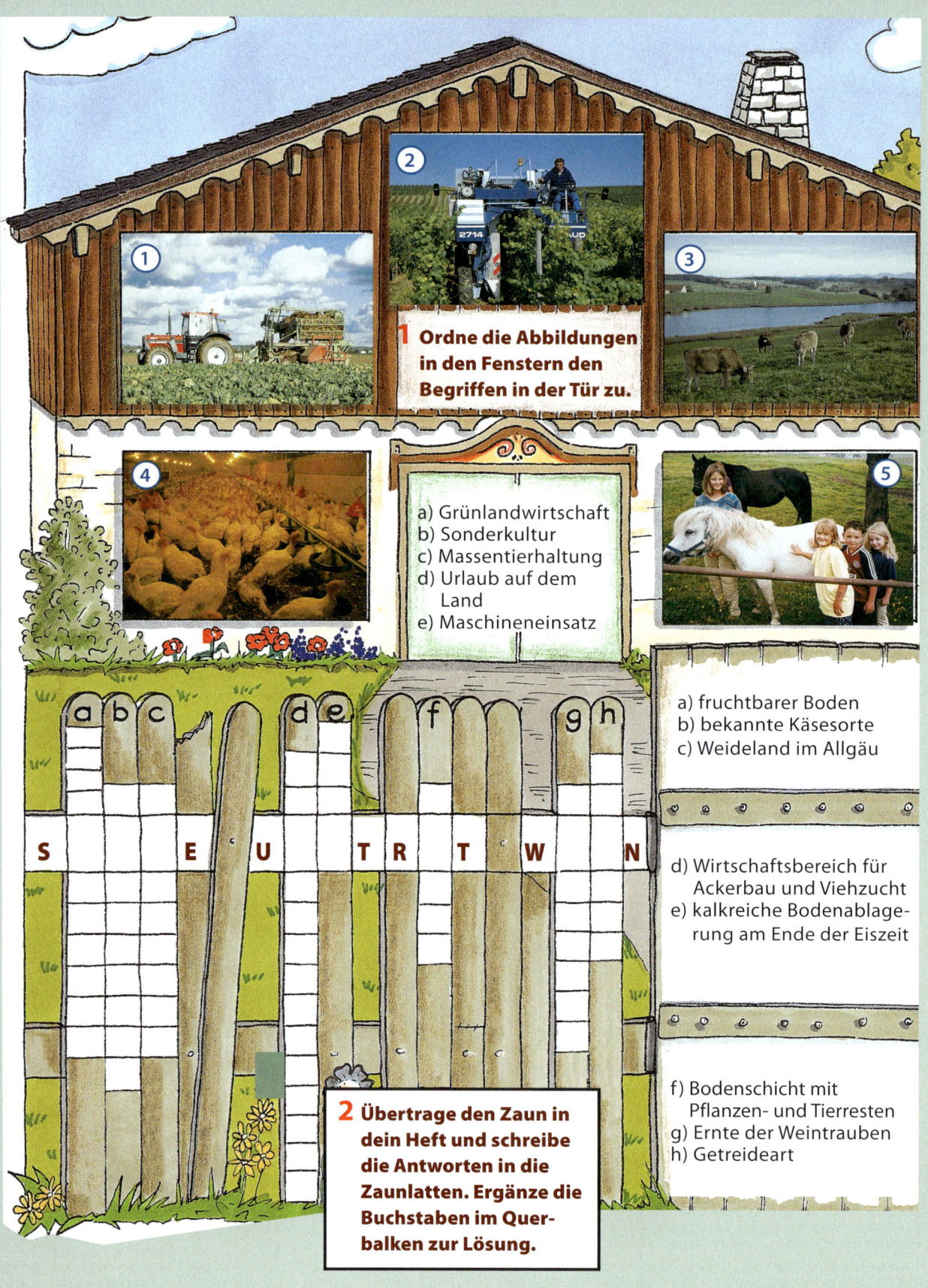

1 Ordne die Abbildungen in den Fenstern den Begriffen in der Tür zu.

a) Grünlandwirtschaft
b) Sonderkultur
c) Massentierhaltung
d) Urlaub auf dem Land
e) Maschineneinsatz

a) fruchtbarer Boden
b) bekannte Käsesorte
c) Weideland im Allgäu

d) Wirtschaftsbereich für Ackerbau und Viehzucht
e) kalkreiche Bodenablagerung am Ende der Eiszeit

f) Bodenschicht mit Pflanzen- und Tierresten
g) Ernte der Weintrauben
h) Getreideart

2 Übertrage den Zaun in dein Heft und schreibe die Antworten in die Zaunlatten. Ergänze die Buchstaben im Querbalken zur Lösung.

3 Die Landwirtschaft in Deutschland ist sehr vielfältig.

In welchen Gebieten werden diese Produkte erzeugt?
Nenne jeweils zwei.

A20082_3

A20082_1

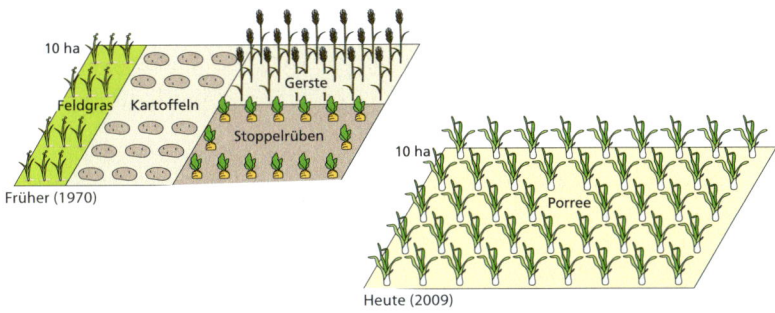

A20082_5

A20082_2

A20082_4

4 Die Landwirtschaft hat sich in den letzten Jahrzehnten stark gewandelt.

Nenne Merkmale, die den Wandel verdeutlichen.

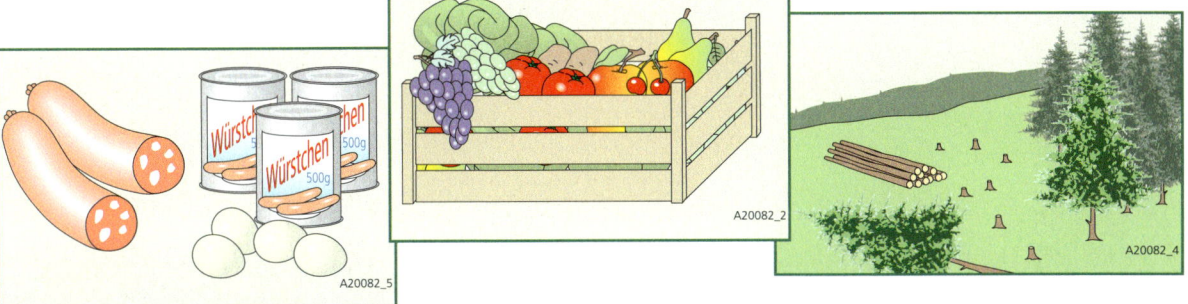

10 ha

Feldgras   Kartoffeln   Gerste

Stoppelrüben

Früher (1970)

10 ha

Porree

Heute (2009)

Das kannst du jetzt:

	Früher (um 1970)	Heute (2009)
Fläche	20 ha	90 ha (davon 22 ha eigener Besitz)
Nutzung	10 ha Grün-, 10 ha Ackerland	90 ha Ackerland
Vieh	20 Kühe, 20 Bullen, 30 Sauen, 150 Mastschweine, 200 Hühner	600 Mastschweine
Maschinen/Geräte	2 Traktoren, Mähbinder, Heuwender, Miststreuer, Sämaschine, Knollenpflücker, (2 Pferde)	6 Traktoren verschiedener Stärke, 2 Beregnungsanlagen, Porreeroder, Porreewaschanlage, Pflanzenschutzspritze, Fütterungsanlage

– Landwirtschaftsgebiete Deutschlands und deren natürliche Voraussetzungen beschreiben,
– einfache Zusammenhänge zwischen Oberflächengestalt – Klima – Boden beschreiben,
– den Wandel in der Landwirtschaft aufzeigen.

Du kannst dabei folgende Fachbegriffe anwenden:
Landwirtschaft, Löss, Schwarzerde

93

Verteilung der Industrieräume

Aufgaben

1 Beschreibe die Lage der Industriegebiete. Vergleiche sie mit
der Bevölkerungskarte (S. 41,
M2 und Atlas,)

2 Nenne Merkmale von Verdichtungsräumen (Text).

Arbeitsheft

Die Industriegebiete (M1) sind nicht zufällig dort entstanden, wo sie sich heute befinden. Früher waren wichtige Gründe für ihre Entstehung Vorkommen an Bodenschätzen wie Kohle oder Eisenerz und die Verkehrslage.

Im Ruhrgebiet, im Saarland und im Gebiet um Halle-Leipzig gibt es zum Beispiel Kohlevorkommen.

Heute sind andere Voraussetzungen wichtiger: gut ausgebildete Arbeitskräfte, niedrige Energiekosten und die Nähe zu den Absatzmärkten. Daneben sind auch Steuererleichterungen für die Betriebe wichtig.

Deutschlands Industriegebiete weisen eine unterschiedliche Größe auf. Von einem Verdichtungsraum oder auch Ballungsgebiet spricht man, wenn die Stadtgrenzen mehrerer Städte oft nicht mehr wahrnehmbar sind. Es gibt viele Industriebetriebe und Dienstleistungseinrichtungen (zum Beispiel Banken, Versicherungen und kulturelle Einrichtungen). In den Verdichtungsräumen laufen auch viele Verkehrswege zusammen.

Aufgrund der Zusammenballung von Siedlungen, Industrie- und Verkehrsanlagen kommt es zu Umweltbelastungen.

① Rhein-Ruhr mit Ruhrgebiet

② Berlin

③ Rhein-Main

④ Mittlerer Neckar-Stuttgart

⑤ Raum Hamburg

⑥ Raum München

⑦ Rhein-Neckar

⑧ Nürnberg-Fürth-Erlangen

⑨ Chemnitz-Zwickau

⑩ Halle-Leipzig

⑪ Raum Bremen

⑫ Oberes Elbtal

⑬ Saar

⑭ Raum Hannover

⑮ Raum Bielefeld

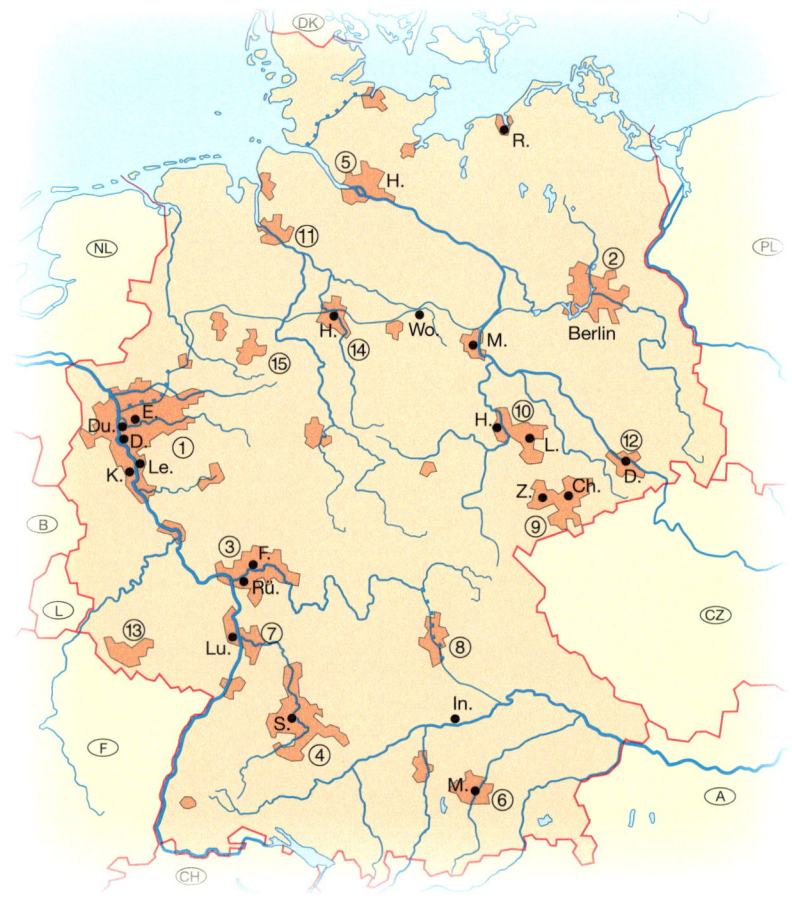

M1 Industriegebiete bzw. Verdichtungsräume

Stein- und Braunkohle

Kohle ist ein wichtiger Boden-schatz. Man unterscheidet Stein- und Braunkohle. In Deutschland gibt es mehrere Gebiete (Reviere), in denen Kohle abgebaut wird. Zuerst förderte man die Kohle, die an der Erdoberfläche zutage trat. Später trieb man Stollen in die Erde, um auch tiefer liegende Flöze abbauen zu können.

Braunkohle wird heute in Deutsch-land bis in 500 Metern Tiefe im Tagebau abgebaut. Die wichtigs-ten Fördergebiete sind das Rheinische Revier bei Köln,

das Mitteldeutsche Revier um Halle-Leipzig und die Nieder-lausitz um Senftenberg. Die Steinkohle des Ruhrgebietes ist älter als die Braunkohle. Sie wird unter Tage im Tiefbau abgebaut.

Kohle fördernde Bergwerke heißen Zechen oder Gruben. Diese befinden sich an Ruhr und Saar. Die Steinkohle besitzt im Vergleich zur Braunkohle einen höheren Heizwert.

M3 Fördergebiete von Braunkohle

M2 Steinkohle (links) und Braunkohle (rechts)

Aufgabe

3 Vergleiche den Abbau von Braun- und Steinkohle.

www.steinkohle-portal.de
www.braunkohle-wissen.de

M4 Abbau von Braunkohle im Tagebau

M5 Abbau von Steinkohle im Tiefbau

Tech-nik

Einen Industrieraum analysieren

Einen Raum kannst du unter verschiedenen Gesichtspunkten analysieren.

Mithilfe von Karten, Texten u. a. kannst du zum Beispiel Oberflächenformen, Gewässer, Böden und das Klima eines Gebietes untersuchen.

Wenn du einen Industrieraum analysierst, dann musst du ermitteln, welche Industriezweige es gibt und aus welchen Gründen sie hier zu finden sind (M1).

In jedem Industrieraum gibt es immer wieder Veränderungen. Man spricht dann von einem wirtschaftlichen Strukturwandel (Info-Box). Auf den folgenden Seiten werden dir drei ausgewählte Industrieräume und ein Industriestandort vorgestellt, die du analysieren kannst. Orientiere dich bei der Analyse an der Schrittfolge.

Info

Wirtschaftlicher Strukturwandel

Der Begriff Struktur bedeutet Ordnung oder Gliederung. Von Strukturwandel spricht man, wenn sich
- ein landwirtschaftlich geprägter Raum in einen industriellen wandelt,
- in einem Gebiet, in dem ein Industriezweig vorherrscht (zum Beispiel die Eisen- und Stahlindustrie), viele neue moderne Zweige ansiedeln.

Ein wirtschaftlicher Strukturwandel verändert auch das Landschaftsbild des Industrieraumes.

So gehst du vor

1. Wähle einen Industrieraum aus und beschreibe seine Lage.
2. Ermittle die Industriezweige.
3. Nenne Gründe, die für ihre Entstehung von Bedeutung waren oder heute noch sind.
4. Beschreibe den wirtschaftlichen Strukturwandel.
5. Präsentiere deine Ergebnisse.

Aufgabe

1 Wählt einen Industrieraum aus und analysiert ihn unter Nutzung der Schrittfolge.

Gut ausgebildete Arbeitskräfte

Vorkommen an Bodenschätzen

Bereitstellung von Wasser

Staatliche Hilfen

Erzeugung von Energie

Industrieraum (Industriezweige)

Verkehrslage

Entsorgung von Abwasser

Nähe des Absatzmarktes

Entsorgung von Abfall

M1 Gesichtspunkte für die Analyse eines Industrieraumes

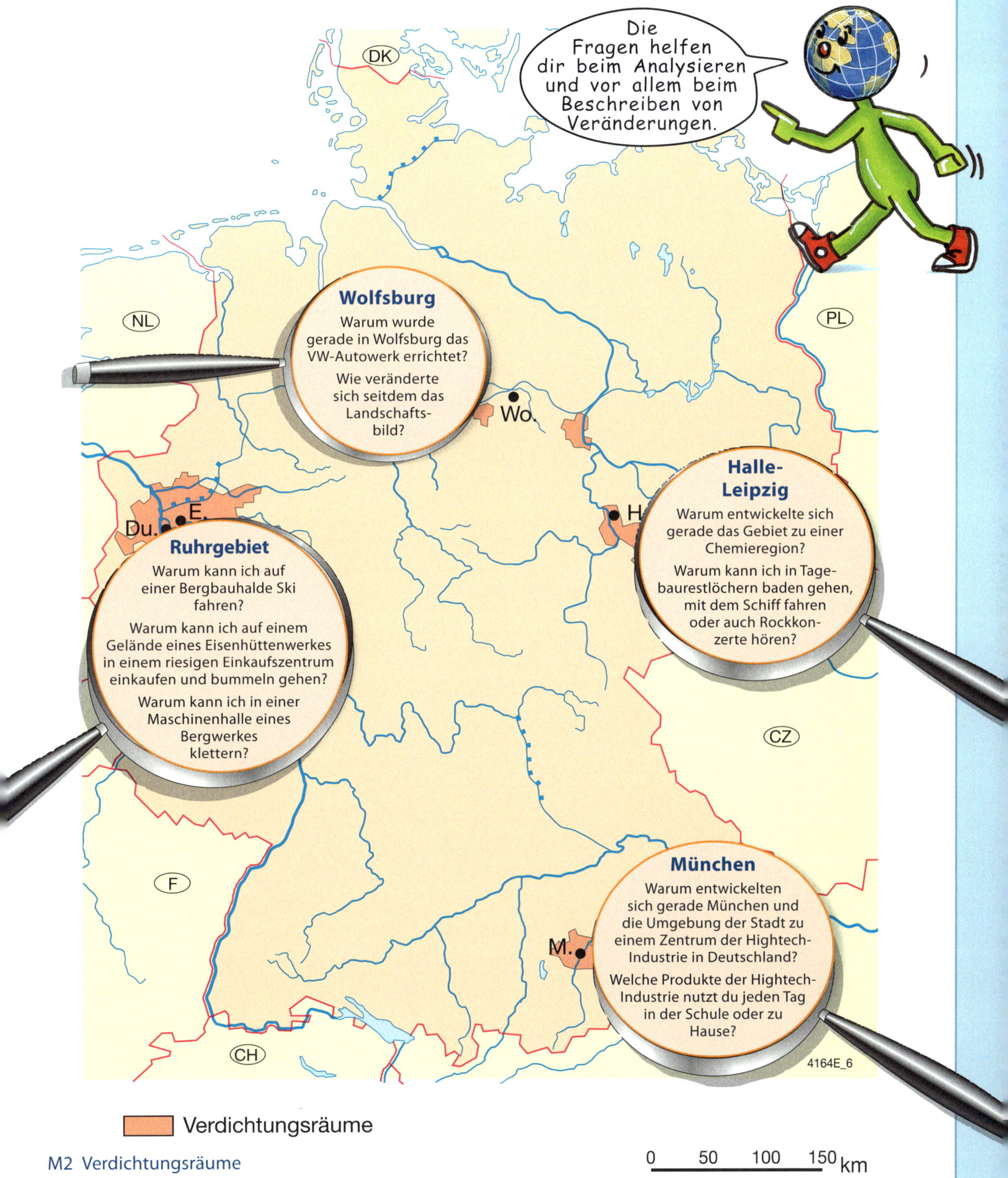

Die Fragen helfen dir beim Analysieren und vor allem beim Beschreiben von Veränderungen.

Wolfsburg

Warum wurde gerade in Wolfsburg das VW-Autowerk errichtet?

Wie veränderte sich seitdem das Landschafts-bild?

Halle-Leipzig

Warum entwickelte sich gerade das Gebiet zu einer Chemieregion?

Warum kann ich in Tage-baurestlöchern baden gehen, mit dem Schiff fahren oder auch Rockkon-zerte hören?

Ruhrgebiet

Warum kann ich auf einer Bergbauhalde Ski fahren?

Warum kann ich auf einem Gelände eines Eisenhüttenwerkes in einem riesigen Einkaufszentrum einkaufen und bummeln gehen?

Warum kann ich in einer Maschinenhalle eines Bergwerkes klettern?

München

Warum entwickelten sich gerade München und die Umgebung der Stadt zu einem Zentrum der Hightech-Industrie in Deutschland?

Welche Produkte der Hightech-Industrie nutzt du jeden Tag in der Schule oder zu Hause?

DK · NL · PL · CZ · F · CH

Wo. · Du. · E. · H · M.

4164E_6

■ Verdichtungsräume

M2 Verdichtungsräume

0   50   100   150 km

97

Verdichtungsraum Ruhrgebiet

M1 Das Ruhrgebiet

Vielfalt im größten Wirtschaftsraum Deutschlands

Im Ruhrgebiet wohnen heute über fünf Millionen Menschen. Städte verschmelzen zu einer einzigen riesigen Stadtlandschaft. Mehr als 2000 Industriebetriebe gibt es hier. Sie stellen so unterschiedliche Produkte her wie Eisen und Stahl, Maschinen, Strom, Autos oder Chips. Auch mikroskopisch kleine Pumpen oder Motoren und zahlreiche Produkte der chemischen Industrie kommen aus diesem Verdichtungsraum.

Auf einen Beschäftigten in der Industrie kommen heute zwei Beschäftigte, die in Dienstleistungsunternehmen arbeiten. Die zahlreichen Menschen der Region nutzen unterschiedliche Dienstleistungen: zum Beispiel um sich weiterzubilden, Sport zu treiben, einzukaufen oder Geldgeschäfte zu erledigen. Das Ruhrgebiet ist mit seiner vielfältigen Industrie ein bedeutendes Wirtschaftsgebiet Europas.

Aufgaben

1 Beschreibe die Lage des Ruhrgebietes. Fertige eine Kartenskizze an.

2 Nenne Merkmale dieses bedeutenden Wirtschaftsraumes.

3 Erkläre, warum viele Bergwerke im Ruhrgebiet geschlossen wurden.

Arbeitsheft

Info

Erstaunlich

Das Ruhrgebiet ist eine Region der Superlative. Es ist die größte und am dichtesten bewohnte Stadtlandschaft in Deutschland. Hier findet man die meisten Kirchen und Kneipen, Theater und Sportstätten, Golf- und Bolzplätze, Universitäten und Forschungsstätten, Parks und Burgen, die größte Regionalzeitung (Westdeutsche Allgemeine Zeitung, abgekürzt WAZ) und eines der modernsten Fußballstadien Deutschlands, die „Veltins-Arena" in Gelsenkirchen.

M2 „Veltins-Arena" in Gelsenkirchen

Steinkohle – Grundlage der Industrie

Das Landschaftsbild des Ruhrgebietes veränderte sich Mitte des 18. Jahrhunderts in sehr kurzer Zeit. Zahlreiche Fabriken wurden damals errichtet und viele neue Arbeitsplätze geschaffen.

In Zechen baute man Steinkohle ab, in Kraftwerken wurde sie in Strom und Wärme umgewandelt und in Kokereien daraus Koks erzeugt. In Chemiewerken wurden aus der Kohle Farben, Arzneien oder Düngemittel hergestellt.

Mit Koks schmolz man in riesigen Hochöfen Eisenerz. Das Roheisen wurde in Stahlwerken zu Stahl veredelt. Anschließend wurde der Stahl in Walzwerken gewalzt und zum Beispiel zu Blechen für die Automobilindustrie oder zu Röhren weiterverarbeitet.

So war die Steinkohle Grundlage für die Eisen- und Stahlindustrie, aber auch für viele weitere Industriezweige.

M3 Abbau von Steinkohle früher

Eine Tabelle lesen

So gehst du vor

Eine Tabelle besteht aus Zeilen und Spalten. Dadurch können Inhalte geordnet dargestellt werden. Zu unterscheiden sind Texttabellen und Zahlentabellen (M4 und M5).

1. **Überschrift bzw. Unterschrift lesen**
   Sie geben dir Auskunft über das Thema.

2. **Inhalte in den Zeilen und Spalten erfassen**
   Stelle dabei fest, was in jeder Zeile oder Spalte ausgesagt wird.
   Lies jede Zeile und Spalte einzeln.

3. **Ergebnisse zusammenfassen**

Kohlearten	Steinkohle	Braunkohle
Abbau	unter Tage im Tiefbau	über Tage im Tagebau
Fördergebiete in Deutschland	Ruhrgebiet, Saargebiet	Rheinisches, Mitteldeutsches, Lausitzer und Helmstedter Revier
Verwendung	Erzeugung von elektrischem Strom, für Eisen- und Stahlherstellung, als Brennstoff im Haushalt	Erzeugung von elektrischem Strom, früher als Rohstoff für die chemische Industrie

M4 Vergleich der Kohlearten Stein- und Braunkohle

Aufgaben

4 **Lies die Tabellen.**

5 **Lege zu einem geographischen Inhalt selbst eine Tabelle an.**

Mathe

Von der in Deutschland verbrauchten Kohle stammt:		
	aus dem Inland	aus dem Ausland
1970	86	11
1990	62	12
2005	30	42

M5 Kohleverbrauch in Deutschland in Millionen Tonnen

DAS RUHRGEBIET

www.rvr-online.de
www.ruhrgebiet.de

Aufgaben

1 Nenne Industriezweige, die heute im Ruhrgebiet von Bedeutung sind (Text, Atlas).

2 Erkläre mithilfe von Beispielen Veränderungen im Ruhrgebiet (Fotos, Atlas).

Arbeitsheft

Ruhrgebiet im Wandel

Das Landschaftsbild des Ruhrgebietes hat sich in den letzten 30 bis 40 Jahren grundlegend verändert.

Viele Bergwerke mussten schließen. Früher wurden viele Haushalte und Industriebetriebe mit Steinkohle beheizt. Heute dagegen heizt man mit Erdöl oder Erdgas. Das ist billiger und sauberer.

Deutschland führt außerdem Steinkohle aus anderen Ländern ein. Sie ist billiger, weil sie dort teilweise im Tagebau gefördert werden kann.

Auch die Produktion von Stahl ging zurück, weil Unternehmen in anderen Ländern den Stahl preisgünstiger herstellen.

Im Ruhrgebiet sind in den letzten Jahren viele neue Industrien und Arbeitsplätze entstanden. Opel errichtete in Bochum zum Beispiel 1962 ein Werk auf einem ehemaligen Bergwerksgelände. In Oberhausen entstand das CentrO. Es ist das größte Einkaufs- und Freizeitzentrum in Europa. Es wurde auf dem Gelände eines ehemaligen Eisen- und Stahlwerks gebaut (M3).

Wichtig für die zukünftige Entwicklung des Ruhrgebietes sind insbesondere Technologieparks. Es sind Gebiete, in denen sich junge Firmen der Hightech-Industrien ansiedeln.

Eine Hightech-Branche ist zum Beispiel die Mikroelektronik.

Komm mit mir auf Erkundung!

„Früher wohnte ich im Ruhrgebiet. Wenn ich heute meine Freundin besuche, bin ich erstaunt, wie sich alles verändert hat. Es gibt kaum noch Bergwerke und qualmende Schornsteine. Dort, wo einmal die Zechen waren, sind Einkaufszentren und Gewerbegebiete entstanden.

Meine Freunde freuen sich über die vielen Freizeitangebote, die es jetzt gibt. Aus dem grauen Ruhrgebiet ist ein grünes Ruhrgebiet geworden."

M1 Leni berichtet

M2 Schachtanlage Prosper II mit Abraumhalde, Bottrop (1980)

M3 Übersichtsplan des CentrO, Einkaufs- und Freizeitzentrum auf dem Gelände eines ehemaligen Eisen- und Stahlwerkes

① Gasometer, ehemaliger Gasbehälter, heute Ausstellungszentrum mit einer Aussichtsplattform auf rund 120 Meter Höhe

② Musicaltheater mit rund 1800 Sitzplätzen

③ Bürogebäude

④ Mehrzweckhalle mit 11 500 Sitzplätzen

⑤ Fitnesscenter

8292Ea

M4 Kletterwand in einer ehemaligen Maschinenhalle

M5 Alpincenter Bottrop auf der Abraumhalde der Zeche Prosper (mit 640 m längste überdachte Skipiste der Welt, Eröffnung 2001)

M1 TOTAL Erdölraffinerie Mitteldeutschland am Chemiestandort Leuna

Verdichtungsraum Halle-Leipzig

Eine alte und neue Chemieregion

Der Verdichtungsraum Halle-Leipzig ist eines der wichtigsten Industriegebiete im Osten Deutschlands. Hier gibt es zahlreiche Chemiebetriebe, so in Leuna, Schkopau, Bitterfeld und Böhlen.

Die Chemie hat in dieser Region eine mehr als 90 Jahre währende Tradition. Und sie prägt auch heute noch die Wirtschaft des Verdichtungsraumes. Die Voraussetzungen für ihre Ansiedlung waren günstig (siehe Info-Box). Braunkohle war lange der wichtigste Rohstoff für die chemische Industrie (siehe S. 97)

Heute wird Braunkohle aber nur noch in den Tagebauen Profen bei Zeitz und Vereinigtes Schleenhain südlich von Leipzig abgebaut. Sie dient zur Energieerzeugung. Mit diesem Strom aus den modernen Braunkohlekraftwerken in Schkopau und Lippendorf werden Betriebe und Haushalte versorgt.

Heute stellt die chemische Industrie Produkte wie Benzin, Grundstoffe für Waschmittel und Kosmetika oder Klebstoffe für die Automobilindustrie auf der Grundlage von Erdöl her.

Aufgaben

1 Beschreibe die Lage des Verdichtungsraumes Halle-Leipzig.

2 Nenne Gründe dafür, dass sich hier viele Chemiebetriebe ansiedelten.

3 Die Städte Leuna, Bitterfeld-Wolfen und Böhlen begrenzen das Chemiedreieck. Suche diese Städte im Atlas auf und beschreibe ihre Lage.

Arbeitsheft

Auf dem Weg in die Zukunft

Chemiepark Bitterfeld-Wolfen:

- Ansiedlung von rund 360 Unternehmen verschiedener Wirtschaftszweige; eine Vielzahl von Dienstleitungsunternehmen, darunter Q-Cells – ein bedeutendes Unternehmen der Solarindustrie im Chemiepark
- Eine Erfolgsgeschichte: die 50-milliardenste Aspirin-Tablette rollte im Bayerwerk in Bitterfeld vom Band

Schkopau-Leuna:

- Chemieunternehmen DOW Chemical stellt in Leuna auch Spezialklebstoffe für die Automobilindustrie her
- TOTAL, die modernste Erdölraffinerie Europas zur Herstellung von Kraftstoffen und Heizöl in Spergau bei Leuna

Leipzig und Halle (Saale):

- Leipzig und Halle sind auf dem besten Weg, leistungsstarke deutsche Medienstandorte zu werden; beide Städte sind Drehorte der Filmindustrie
- Leipzig: Automobilhersteller Porsche und BMW haben sich angesiedelt; Leipziger Neue Messe mit Ausstrahlung in die Welt

- Airport Leipzig/Halle: Deutsche Posttochter DHL hat ihr europäisches Drehkreuz für Luftfracht am Flughafen in Betrieb genommen; die Region steigt zu einer der Logistikzentralen Deutschlands und Europas auf
- Halle: Der US-amerikanische Computerhersteller DELL hat ein neues Service- und Vertriebszentrum in Halle. DELL ist ein weltweit führender Computerhersteller.

M2 Autobahnkreuz Schkeuditz und Brücke zum Flughafen Leipzig/Halle

Aufgabe

4 Erläutere den wirtschaftlichen Wandel in der Region Halle-Leipzig. Nutze dazu die Informationen auf dieser Seite.

Das Landschaftsbild verändert sich

Von tiefen Tagebaulöchern

Der Abbau von Braunkohle im Tagebau stellt einen großen Eingriff in die Natur dar. Die Kohle lagert manchmal in bis zu 500 Meter Tiefe.

Mit großen Baggern muss vorher fruchtbarer Ackerboden abgetragen werden oder Wälder sind abzuholzen. Wenn über der Abbaufläche Flüsse verlaufen, werden sie in Gebiete umgeleitet, in denen keine Braunkohle lagert.
Wenn sich Dörfer im Abbaugebiet befinden, dann müssen die Bewohner oft ihre Häuser verlassen. Sie werden umgesiedelt, sehr oft gegen ihren Willen. Nach dem Abbau der Braunkohle bleiben tiefe Löcher in der Landschaft zurück. Was dann?

M2 Landschaft vor der Erschließung: die Braunkohle liegt auch unter Städten und Dörfern.

M1 Abbau von Braunkohle

M3 Nach dem Abbau der Braunkohle – tiefes Restloch

zu Freizeit- und Erholungsgebieten

„Stadt aus Eisen"

Im ehemaligen Tagebau Golpa-Nord nördlich von Gräfenhainichen ist eine Open-Air-Arena mit Platz für 25 000 Zuschauer entstanden. Die nicht verschrotteten Bagger und Absatzgeräte bilden eine gigantische Kulisse für Rockkonzerte, Lasershows und andere Veranstaltungen.

Der Goitzschesee bei Bitterfeld

Dort, wo sich heute ein Sport-, Freizeit- und Erholungsgebiet befindet, fraßen sich bis 1991 noch die Braunkohlebagger in die Erde. Die Menschen, die am Rand des Tagebaus lebten, mussten rund um die Uhr Lärm und Staubbelastungen ertragen.

Seit 1992 wird diese „Mondlandschaft" bei Bitterfeld umgestaltet. In kurzer Zeit entstand durch die Flutung des Tagebaurestloches eines der größten Seengebiete Deutschlands. Sein Wahrzeichen ist der schwimmende „Pegelturm".

www.ferropolis-online.de
www.ebv-net.de
www.geiseltalsee.de
www.leipzigerneuseenland.de

Der Geiseltalsee

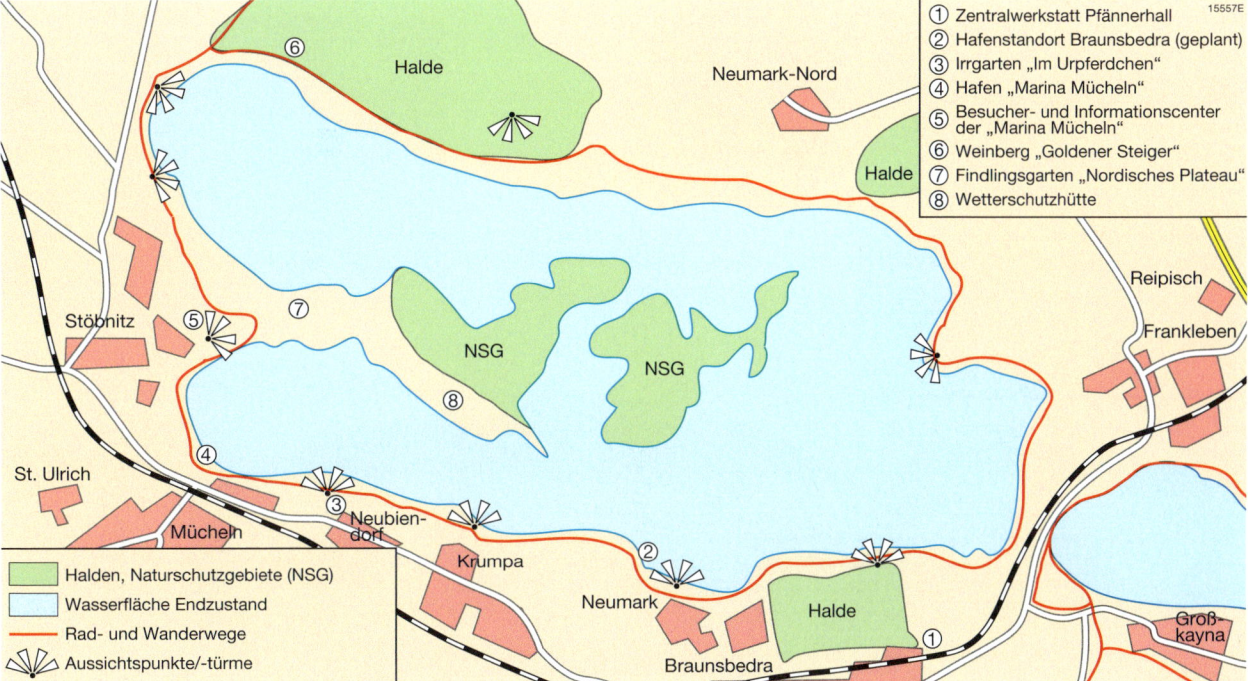

① Zentralwerkstatt Pfännerhall
② Hafenstandort Braunsbedra (geplant)
③ Irrgarten „Im Urpferdchen"
④ Hafen „Marina Mücheln"
⑤ Besucher- und Informationscenter der „Marina Mücheln"
⑥ Weinberg „Goldener Steiger"
⑦ Findlingsgarten „Nordisches Plateau"
⑧ Wetterschutzhütte

Halden, Naturschutzgebiete (NSG)
Wasserfläche Endzustand
Rad- und Wanderwege
Aussichtspunkte/-türme

M4 Plan des zukünftig größten künstlichen Sees Deutschlands

Verdichtungsraum München

München als Wirtschaftsstandort

München und die Region um die Stadt haben sich zum wichtigsten Zentrum der Mikroelektronik Deutschlands entwickelt. Rund 8000 Unternehmen der Hightech-Industrie (siehe Info-Box) entwickeln und produzieren Artikel wie Computerprogramme oder Mikrochips für Handys. Heute arbeitet in München ein Großteil der Beschäftigten im Dienstleistungsbereich.

Dazu gehören Unternehmen, die ihren Kunden vielfältige Dienste anbieten, wie die Beratung in einer Bank, die Wartung von Geräten, die Reinigung von Büroräumen oder die Versorgung von Patienten.

M1 Lage und Aufbau des Verdichtungsraumes München

Info

Die „weiße" Industrie

Hightech ist die Abkürzung des englischen Begriffs „high technology" und bedeutet Hochtechnologie. Hightech-Betriebe werden auch als „weiße" Industrie bezeichnet. Es sind Betriebe ohne rauchende Schornsteine oder laute Maschinen. Dafür kommt es auf das Denken und den Erfindungsreichtum an.

Siemens AG
(Telefone, Computer)
Infineon (zweitgrößter Chiphersteller Europas)
Apple Computer Deutschland (Vertrieb)
IBM Deutschland (Großcomputer)
Bayerische Motorenwerke (BMW) (Autos und Motoren)

M2 Ausgewählte Hightech-Firmen im Verdichtungsraum München

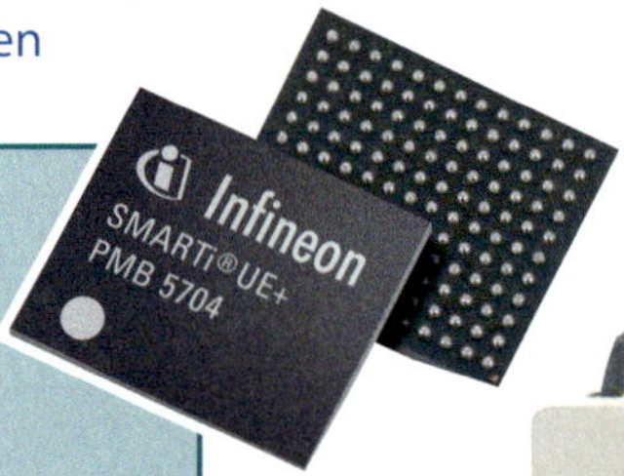

M3 Produkte der Hightech-Industrie

M4 Blick auf das Gelände des Münchener Oktoberfestes

Gründe für die Entwicklung des Verdichtungsraumes

Der Verdichtungsraum München ist ein junger Wirtschaftsraum. Erst nach dem Zweiten Weltkrieg setzte die rasche wirtschaftliche Entwicklung ein.

Sie beruht nicht wie im Ruhrgebiet oder im Raum Halle-Leipzig auf Bodenschätzen. Für die Herausbildung des Verdichtungsraumes lassen sich verschiedene Ursachen nennen:

Die historischen Wurzeln: Nach dem Zweiten Weltkrieg verlegten wichtige Firmen wie Siemens und die Bayerischen Motorenwerke (BMW) ihren Standort nach München. Dies waren die Kerne der wirtschaftlichen Entwicklung.

Die Sommerspiele 1972 in München: In Vorbereitung der Olympischen Spiele wurde viel Geld in den Ausbau des Verkehrsnetzes der Stadt und der Region investiert. Davon profitierte auch die Wirtschaft.

Der Ruf der Stadt München: München ist eine Stadt der Kunst und Musik, der Bildung und Forschung.
Weltbekannt sind das alljährlich stattfindende Oktoberfest und der FC Bayern München.

Günstige Verkehrslage: Mehrere Eisenbahnfernstrecken und Autobahnen treffen hier zusammen. In unmittelbarer Nähe der Stadt befindet sich ein Großflughafen.

Aufgaben

1 Beschreibe die Industriestruktur von München.

2 Nenne Gründe für die Entstehung des Verdichtungsraumes München.

3 „München ist eine Reise wert." Fertige einen Steckbrief zu München an.

Industriestandort Wolfsburg

M2 Autostadt   M3 Kunstmuseum   M4 Autoausstellung

M1 Lage von Wolfsburg
in Niedersachsen

Aufgaben

1 **Nenne Gründe, warum das Autowerk in der Nähe von Schloss Wolfsburg entstand (Text, Atlas).**

2 **Vergleiche die beiden Karten (M5) und beschreibe Veränderungen.**

Wolfsburg – eine junge Stadt

Wolfsburg ist die einzige Stadt der Welt, die nur für das Auto gebaut wurde. In Deutschland gab es in den ersten Jahrzehnten des 20. Jahrhunderts weit weniger Kraftfahrzeuge als in Frankreich, Großbritannien oder den USA. Deshalb sollten in Deutschland mehr Autos produziert werden, um den Bedarf zu decken.

Als Standort für das neue Autowerk wurde das Gebiet um das Schloss Wolfsburg bei Fallersleben ausgesucht. Es lag sehr verkehrsgünstig wegen der Nähe zum Mittellandkanal, zur Autobahn Berlin-Hannover und zur Eisenbahnstrecke Essen-Hannover-Berlin. Außerdem befand sich dieses Gebiet fast in der Mitte Deutschlands.

Im Jahr 1938 wurden zuerst das Autowerk und dann um die Fabrik herum eine Stadt gegründet. Erst 1945 erhielt sie den Namen Wolfsburg. Heute hat die Stadt etwa 125 000 Einwohner.

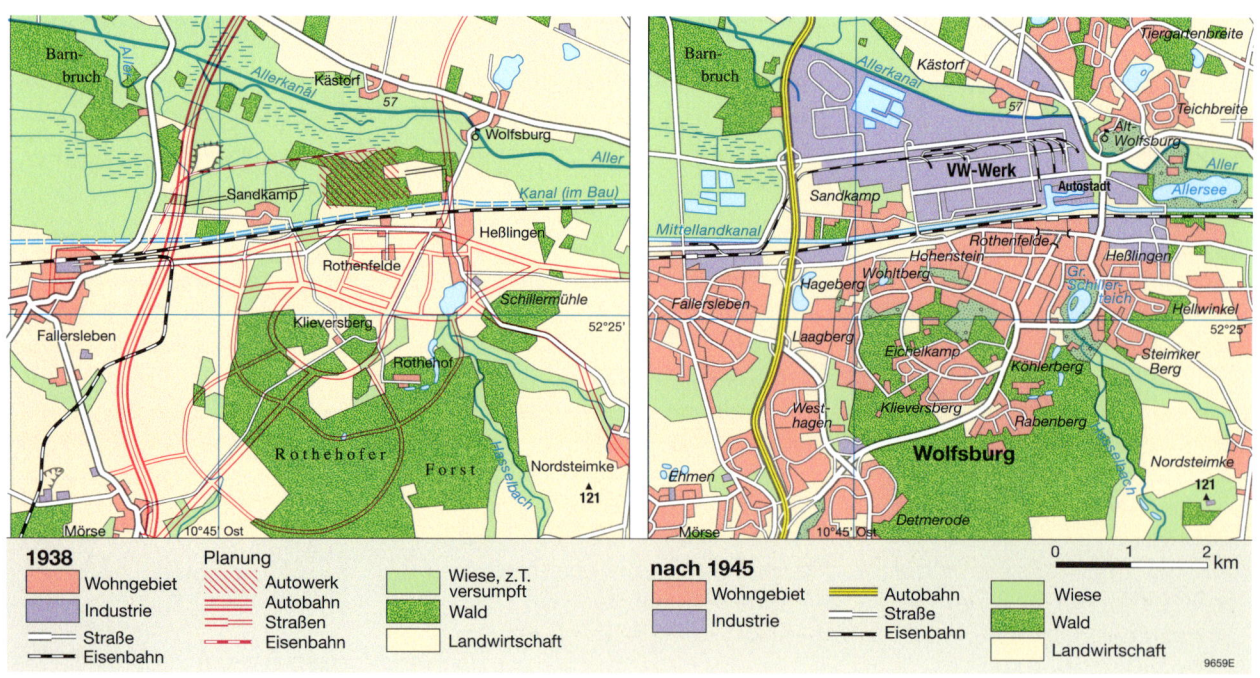

1938

		Planung			
▨	Wohngebiet	▨	Autowerk	▨	Wiese, z.T. versumpft
▨	Industrie	▨	Autobahn	▨	Wald
	Straße	▨	Straßen	▨	Landwirtschaft
	Eisenbahn	▨	Eisenbahn		

nach 1945

▨	Wohngebiet	▨	Autobahn	▨	Wiese
▨	Industrie	▨	Straße	▨	Wald
		▨	Eisenbahn	▨	Landwirtschaft

M5 Entwicklung von Wolfsburg

M6 Das Volkswagen-Werk in Wolfsburg (im Vordergund die Autostadt)

Volkswagen (VW) – der Motor Wolfsburgs

Das erste Auto, das in Wolfsburg produziert wurde, war der „Käfer". Heute fahren auf den Straßen verschiedene Modelle. Dazu zählen der „Golf", der „Polo", der „Tuareg" oder der „Touran". Zum Volkswagen-Konzern gehören neben „Audi" und „Porsche" zum Beispiel auch noch die Marken „Skoda", „Seat" und „Bentley".

In Deutschland hat Volkswagen noch weitere Standorte (M7). Aber auch in anderen Ländern werden VW-Autos produziert, so in Brasilien, Belgien, Mexiko und China.

Bei Volkswagen sind sehr viele Menschen beschäftigt. Die große Anzahl von Arbeitsplätzen wirkt sich auch auf die wirtschaftlichen Aktivitäten der Stadt aus.

Andere Wirtschaftsbereiche sind stark von VW abhängig. Denn die vielen Menschen müssen einkaufen gehen oder wollen im Reisebüro eine Reise buchen. Wenn VW weniger Autos verkauft, wirkt sich das zum Beispiel auf die Geschäfte oder die Dienstleistungseinrichtungen in Wolfsburg und in der Umgebung aus.

M7 Standorte der VW-Werke in Deutschland

Aufgaben

3 Warum wird Wolfsburg auch als „Autostadt" bezeichnet?

4 Beschreibe den Wandel in der Region seit über siebzig Jahren.

5 Nenne andere Standorte in Deutschland und der Welt, an denen sich VW-Werke befinden.

Geographieunterricht und das World Wide Web

Mit einem Mausklick kannst du weltweit aktuelle Informationen abrufen. Da wir im Geographieunterricht zahlreiche Länder oder Regionen behandeln, die wir zu dem Zeitpunkt nicht erkunden können, bietet uns das Internet neben dem Lehrbuch viele Möglichkeiten der Informationsbeschaffung an.

Du findest zu einem Land oder einem Thema neben Texten, Fotos, Schaubildern auch Videosequenzen oder interessante Animationen. Webcams ermöglichen Live-Bilder.
Aber Vorsicht: Die Informationen, die du abrufst, wurden oft nicht auf ihren Wahrheitsgehalt überprüft.

Info

Internet

Das Internet ist die weltweite Vernetzung von Millionen Computern in der ganzen Welt. Es bietet zahlreiche Nutzungsmöglichkeiten wie den Austausch von E-Mails, das Versenden von Daten (Programme, Fotos, Spiele) und das World Wide Web (www).

Suchmaschinen im Internet (Auswahl)
www.google.de
www.blinde-kuh.de
www.web.de

So gehst du vor

1. **Vorbereitung**
   Formuliere deinen Suchbegriff.

2. **Suchen von Informationen**
   Gib deinen Suchbegriff in eine Suchmaschine ein. Sichte die Informationen. Entscheide, ob du den Quellen vertrauen kannst. Wähle aus.

3. **Sichern von Informationen**
   Speichere die Informationen, die du übernehmen willst. Notiere dabei jeweils die Internetadresse sowie Autor, Titel und Datum der Veröffentlichung.

Aufgaben

1 Gib in einer Suchmaschine die Begriffe „Industrie", „Braunkohle" und „Stuttgart" ein. Beschreibe die Begriffe.

2 Gehe auf eine virtuelle Fahrt in ein Steinkohlenbergwerk (M1).

3 Nenne Vor- und Nachteile der Nutzung des Internets zur Informationsbeschaffung.

www.steinkohle-portal.de/ virtuelle_grubenfahrt/index.php

zurück zur vorigen Seite   Seite neu laden   Adresse der Internetseite

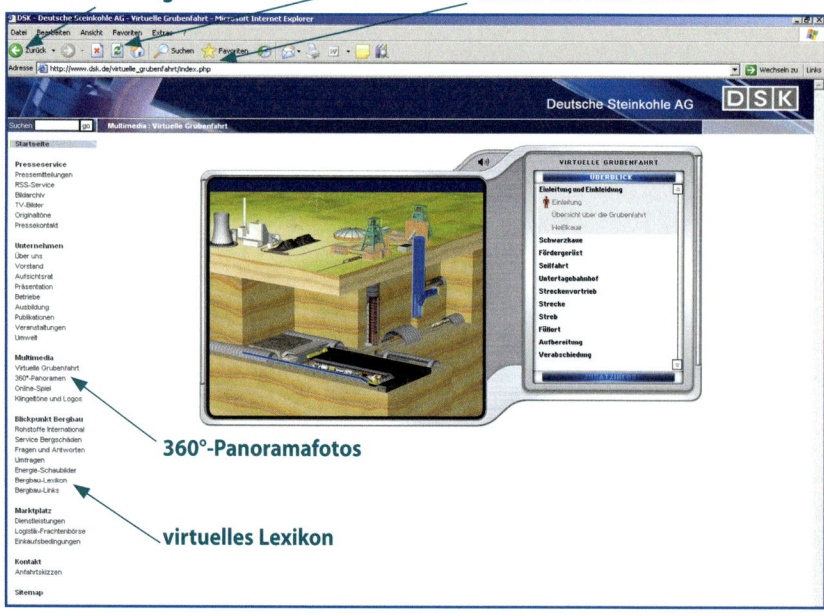

360°-Panoramafotos

virtuelles Lexikon

M1 „Virtuelle Grubenfahrt"

Alles klar?

1 Beschreibe die abgebildeten Berufe. Ordne sie den drei Wirtschaftsbereichen zu, nutze dazu Seite 78.

Nenne Berufe von vier Verwandten oder Bekannten und ordne sie ebenfalls den Wirtschaftsbereichen zu.

Das kannst du jetzt:

2 Lies die Tabelle nach der Schrittfolge auf Seite 99.

Vergleiche die drei Wirtschaftsbereiche und beschreibe Veränderungen.
Für Geoexperten: Nenne Gründe für den Wandel.

Wirtschafts-bereich	Bergbau, Land-, Forst- und Fischerei-wirtschaft	Industrie, Handwerk, Gewerbe, Bauwirtschaft	Dienstleis-tungen für die Bevöl-kerung
1950	24,6 %	42,9 %	32,5 %
1990	3,5 %	36,6 %	59,9 %
2008	2,3 %	25,2 %	72,5 %

Erwerbstätige in Deutschland nach Wirtschaftsbereichen (Quelle: Statistisches Bundesamt Deutschland, Arbeitsmarkt, 2009)

– die Wirtschaftsbereiche nennen und Berufe zuordnen,
– die Verteilung von Industriegebieten in Deutschland beschreiben,
– einen Industrieraum mithilfe von thematischen Karten, Tabellen und Bildern analysieren und den Wandel aufzeigen,
– Raumveränderungen durch den Braunkohlebergbau beschreiben,
– Eintragungen in einfachen Kartenskizzen vornehmen.

Du kannst dabei folgende Fachbegriffe anwenden:
Industrie, Verdichtungsraum, Kohle

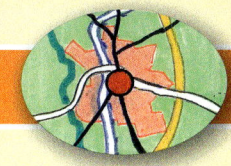

Am Ende dieses Kapitels kannst du:

– das Leben in der Stadt
  und im Dorf beschreiben,
– die Aufgaben einer Stadt
  nennen und die Hauptstadt
  Berlin beschreiben,
– einen Stadtplan lesen und dich
  darin orientieren,
– eine Erkundung vorbereiten,
  durchführen und die Ergebnisse
  aufbereiten.

Merkmale einer Stadt

Das Leben in der Stadt unterscheidet sich vom Leben auf dem Dorf. Städte bieten den Menschen eine Vielzahl von Arbeitsplätzen, sei es in Industrie und Handwerk, sei es in der Verwaltung, in Bildungseinrichtungen (Schulen, Kindergärten, Hochschulen) und im Handel.

Fachgeschäfte und Kaufhäuser, Einkaufszentren und Supermärkte versorgen die Menschen mit Waren aller Art.

Allgemein- und Fachärzte sowie Krankenhäuser kümmern sich um die Gesundheit der Bürger.

Städte verfügen häufig über eigene Kraft- und Wasserwerke zur Erzeugung von elektrischem Strom und zur Bereitstellung von Trinkwasser.

Die Entsorgung von Müll und Abwasser übernehmen die städtische Müllabfuhr und die Kanalisation, an die große Kläranlagen angeschlossen sind. Grünanlagen und Parks, Sportzentren und Bäder werden von den Menschen zur Erholung und zur Freizeitgestaltung genutzt. Darüber hinaus bietet eine Vielzahl von Theatern, Kinos, Ausstellungen und Museen Abwechslung vom Alltag.

Andererseits ist das Leben in der Stadt für manche Bewohner anstrengend. Lärm, Abgase und Hektik belasten viele Menschen.

Info

Siedlung

Unter einer Siedlung wird ein Ort verstanden, in dem Menschen zusammenleben. Siedlungen können der Größe nach in ländliche Siedlungen (Dörfer) oder städtische Siedlungen (Städte) eingeteilt werden.

Aufgaben

1 **Erarbeite mithilfe des Textes Merkmale einer Stadt.**

2 **Welche der Merkmale treffen auf deinen Wohn- oder Schulort zu?**

3 **Städte werden nach ihrer Größe unterschieden: Nenne die drei Millionenstädte Deutschlands und die beiden größten Städte Sachsen-Anhalts (Atlas).**

M1 Blick auf die Stadtmitte von Frankfurt am Main

M2 Pia aus Altendorf (Harz) ist zu Besuch bei ihrer Freundin Janine in Halle. Sie schauen aus dem Fenster und überlegen, was sie am Nachmittag unternehmen können.

Freizeit in der Stadt

Stadtkinder verbringen ihre Freizeit etwas anders als Kinder auf dem Land. Das liegt daran, dass eine Stadt andere Möglichkeiten zum Spielen bietet als ein Dorf.

Trotz der dichten Bebauung und des vielen Verkehrs muss man sich als Stadtkind nicht in der Wohnung langweilen. Es gibt in der Stadt Plätze, die sind extra zum Spielen und Toben für Kinder angelegt worden. Diese Spielplätze liegen in den Wohngebieten, meist in Grünanlagen. Es gibt auch Spielstraßen, da müssen Autos ganz langsam fahren und auf spielende Kinder aufpassen. Weil in einer Stadt viele Kinder leben, gibt es hier im Gegensatz zum Dorf auch viel mehr Freizeitangebote speziell für Kinder. Aber auch das Freizeitangebot für Erwachsene ist größer als auf dem Dorf. Man kann sagen: Je größer eine Stadt ist, desto größer ist auch ihr Freizeitangebot.

Aufgaben

4 Überlege dir ein mögliches Gespräch zwischen Pia und Janine (M2).

5 Schreibe auf, was du in deiner Freizeit außerhalb der Wohnung unternimmst. Vergleiche die Antworten mit einem deiner Mitschüler.

www.meinestadt.de

Info

„Skate-Park" in Halle-Neustadt

Im September 2009 wurde in der Stadtmitte von Halle-Neustadt der größte Skate-Park Mitteldeutschlands eröffnet.

10613E

M1 Das Wappen Berlins

Aufgaben

1 Nenne Aufgaben einer Hauptstadt.

2 Analysiere die Seiten 116–119 zu Berlin. Weise an Beispielen nach, dass Berlin diese Aufgaben erfüllt.

Arbeitsheft

Info

Aufgaben einer Hauptstadt

Sie ist
- das politische Zentrum des Staates,
- ein wichtiges Industriezentrum,
- ein Verkehrsknotenpunkt,
- ein Kultur- und Bildungszentrum.

Berlin – Hauptstadt Deutschlands

Politisches Zentrum

Berlin ist die Hauptstadt der Bundesrepublik Deutschland und Zentrum des politischen Lebens. Hier haben der Deutsche Bundestag, die Bundesregierung und der Bundespräsident ihren Sitz. Von der Hauptstadt aus wird ein Staat regiert.

Im Regierungsviertel liegen die wichtigsten Gebäude der deutschen Regierung. Hier befinden sich auch die Vertretungen der deutschen Bundesländer und zahlreiche Botschaften ausländischer Staaten.

Berlin war lange Zeit geteilt und ist seit 1990 wieder vereint. Nach dem Zweiten Weltkrieg wurde die Stadt in West- und Ostberlin aufgeteilt. Ostberlin war die Hauptstadt der Deutschen Demokratischen Republik (DDR) und Westberlin gehörte zur Bundesrepublik Deutschland.

Mit der Wiedervereinigung der beiden deutschen Staaten im Jahre 1990 wurde Gesamtberlin wieder die Hauptstadt der Bundesrepublik Deutschland.

Wer hat wo seinen Sitz?

Im Schloss Bellevue hat der Bundespräsident seinen Amtssitz. Er ist das Staatsoberhaupt Deutschlands. Seine Hauptaufgabe ist es, unser Land im In- und Ausland zu repräsentieren, das heißt zu vertreten.

Im Bundeskanzleramt arbeitet die Bundeskanzlerin oder der Bundeskanzler. Hier treffen sich die Mitglieder der Regierung. Sie beraten auch über nationale und internationale Probleme.

Der Reichstag ist der Sitz des Deutschen Bundestages. Hier tagen die gewählten Vertreterinnen und Vertreter unseres Volkes, darunter auch der/die Bundestagsabgeordnete aus der Nähe deines Wohnortes. Sie entscheiden unter anderem über Gesetze.

M2 Am Potsdamer Platz

In der City von Berlin am Potsdamer Platz

Wenn du heute zum Potsdamer Platz fährst,
kommst du in das Zentrum einer modernen City:
Häuser aus Glas und Beton, Büros, Kinos,
Musicaltheater, Cafés, Restaurants, Geschäfte
und Museen und viele, viele Menschen.

Blickt man 20 Jahre und mehr zurück, war dieser
Platz ein vollkommen leerer, unbebauter Fleck.
Jetzt ist der Potsdamer Platz für die Berliner
und ihre Gäste ein beliebter Treffpunkt.

Du kannst stundenlang bummeln
gehen, ein Eis essen oder dir einen
Film im IMAX, dem bekannten
Panoramakino, ansehen.

Info

Berlin – Stadt der Rekorde

Berlin ist in verschiedener Hinsicht auch eine Stadt
der Rekorde. Hier wurde schon 1902 die erste U-Bahn
Deutschlands gebaut, die heute ein Netz von 180 Kilometern besitzt. Der Fernsehturm ist mit seinen 368
Metern das höchste Bauwerk Deutschlands. Berlin
hat im Vergleich zu anderen deutschen Städten die
meisten Wasser- und Grünflächen und sogar
mehr Brücken als Venedig.

Aufgabe

3 **Lies den Text und beschreibe
die Veränderungen in der City
von Berlin.**

14041E_4

Industriezentrum und Verkehrsknotenpunkt

M1 Verkehrsknotenpunkt Berlin

Berlin ist die größte Stadt in Deutschland. In ihr leben über drei Millionen Einwohner. Es gibt in Berlin fast 1 000 Industriebetriebe. In ihnen arbeiten ca. 110 000 Menschen. Damit gehört Berlin zu den wichtigen Industriestandorten Deutschlands.

Durch die zentrale Lage in Europa ist die Hauptstadt ein internationaler Verkehrsknotenpunkt.

Zahlreiche Bahnlinien durchqueren die Stadt. Mehrere Fernbahnhöfe liegen an den Kreuzungspunkten. Der wichtigste ist der Hauptbahnhof, der Lehrter Bahnhof.

Eine gute Anbindung gibt es auch an das internationale Autobahnnetz und an das Binnenwasserstraßennetz.
Die Stadt verfügt über zwei Flughäfen. Ein neuer Großflughafen entsteht in Berlin-Schönefeld (Info-Box).

Aufgaben

1 Beschreibe die Verkehrsanbindung Berlins durch verschiedene Verkehrswege.

2 Tauscht euch über Vor- und Nachteile des internationalen Flughafens Berlin-Brandenburg aus.

Info

Flughafen Berlin Brandenburg International „Willy Brandt" (BBI)

Im Südosten Berlins entsteht einer der modernsten Flughäfen Europas. Ab Oktober 2011 werden hier auf zwei parallel verlaufenden Pisten Flugzeuge starten und landen. Im Terminal können stündlich bis zu 65 000 Passagiere abgefertigt werden. Ob Touristen oder Geschäftsreisende, ihnen werden beste Verbindungen angeboten: internationale Fluglinien, ein eigener Autobahnanschluss, ein Bahnhof direkt unter dem Terminal und Fahrtzeiten in das Zentrum Berlins von ca. 30 Minuten. Jedoch gab es auch viele Proteste gegen den Standort Schönefeld, vor allem Anwohner befürchten eine zu starke Lärmbelästigung. (nach www.berlinonline.de)

M2 Computersimulation des Großflughafens Berlin-Brandenburg International „Willy Brandt" (BBI)

Kultur- und Bildungszentrum

Berlins Anziehungskraft geht weit über die Grenzen Deutschlands hinaus. Weltbekannte Schauspieler, Sänger, Musikgruppen und Orchester leben und arbeiten in Berlin. Filmfestspiele, internationale Messen, Kongresse und Sportveranstaltungen finden in Berlin statt.

Jedes Jahr kommen Millionen von Touristen aus dem In- und Ausland in die Stadt. Sie können unter einem riesigen Angebot auswählen: zum Beispiel 160 Kinos und Theater, 175 Museen und Ausstellungen oder viele Schlösser mit Parkanlagen. Im Zentrum der Stadt versorgen Hunderte von Cafés, Restaurants und Hotels Touristen rund um die Uhr.

Aufgaben

3 Sammelt Material zu Berlin und fertigt eine Wandzeitung an.

4 Arbeite mit dem Stadtplan:

– Beschreibe die Lage des Fernsehturmes, des Brandenburger Tores und des Kanzleramtes.

– Nenne zwei S- und zwei U-Bahnstationen. Gib die Planquadrate an, in denen sie liegen.

– Beschreibe einem Mitschüler den Weg vom Berthold-Brecht-Platz zum Potsdamer Platz.

Einen Stadtplan lesen

So gehst du vor

1. Orientiere dich im Stadtplan, nenne den Namen der Stadt, den Ausschnitt aus dem Stadtplan.

2. Suche geographische Objekte auf, nutze dazu das Register mit dem Straßenverzeichnis. Nenne das Planquadrat, in dem sich die geographischen Objekte befinden.

3. Beschreibe die Lage von Objekten und Wegen, nenne zum Beispiel Namen von Straßen und Plätzen.

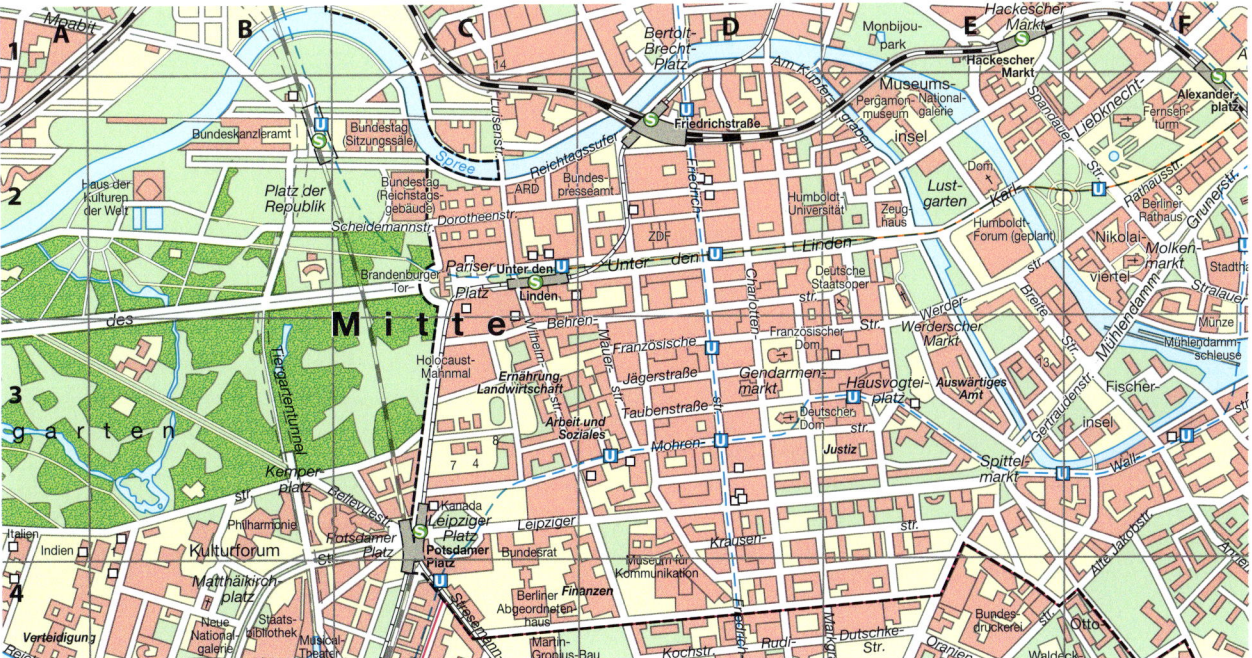

M3 Ausschnitt aus dem Stadtplan von Berlin

Dörfer im Wandel

Jahrhundertelang waren unsere Dörfer nur durch die Landwirtschaft geprägt. Neben den Wohnhäusern standen Scheunen oder Lagerhallen für die Futtervorräte oder zum Unterstellen der Maschinen. Die Ställe befanden sich in unmittelbarer Nähe des Hauses oder als Großviehanlage am Rande des Dorfes. Auch heute noch kannst du das vielfach im Dorfbild erkennen.

Seit Jahrzehnten jedoch wandelt sich der ländliche Raum. Viele Landwirte müssen ihre kleinen Betriebe aufgeben. Andere betreiben die Landwirtschaft nur noch im Nebenerwerb (Info-Box).

Die Zahl der Beschäftigten in der Landwirtschaft nimmt auch deshalb so stark ab, weil moderne Maschinen die Arbeit übernehmen. Viele Jugendliche suchen sich eine Beschäftigung in anderen Regionen.

In zahlreichen Siedlungen sind aber auch andere Veränderungen zu beobachten: Landwirtschaftliche Flächen werden als Bauland angeboten. An den Dorfrändern entstehen Neubau- oder Gewerbegebiete. Andere ländliche Gebiete setzen auf den Tourismus: „Urlaub auf dem Bauernhof".

Aufgaben

1 Beschreibe den Wandel unserer Dörfer. Nenne Ursachen dafür.

2 Wiederhole, weshalb immer weniger Menschen in der Landwirtschaft beschäftigt sind.

Urlaub auf dem Bauernhof, bei Freunden wohnen

Unser Bauernhof ist ein Einzelhof in ruhiger Lage inmitten von Wiesen, auf denen Rinder weiden. Neben Ziegen, Hasen und Katzen können Sie sich mit unseren Pferden und Ponys anfreunden. Langeweile gibt es nicht. Sie können Reiten lernen, baden, angeln oder auch töpfern. Sauna und Tischtennis stehen zur Verfügung. Fahrradverleih ist möglich, ein Wanderweg führt direkt am Haus vorbei.

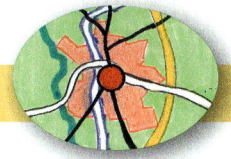

Wohnen im Dorf

Meinungen

Florian: „In den Städten ist zwar mehr los, aber wohnen möchte ich da nicht. Mir gefällt es hier, vor allem wegen der Natur. Kein Hochhaus versperrt mir die Sicht und kein Geruch von stinkenden Abgasen steigt mir in die Nase. Der Wald beginnt direkt hinter unserem Haus, da haben wir Baumhäuser und machen Kletterübungen an unseren ‚Lianen'. Bei der Feldarbeit helfe ich gerne, erst recht wenn ich den Trecker fahren darf. Im Winter rodeln wir. Ansonsten spielen wir Zweifelderball oder Verstecken im Stall."

Marie: „Es ist ein ruhiges Dorf. Jeder kennt jeden. Nachbarschaftshilfe wird großgeschrieben. Als einmal ein Sturm das Dach unseres Hauses abdeckte, haben uns alle Nachbarn sofort geholfen. Das finde ich gut. Ich finde es schlecht, dass es so wenig Gleichaltrige gibt und man immer den Bus abpassen muss. Ich fahre jeden Morgen mit dem Schulbus fast eine Stunde zur Schule. Im Winter dauert die Busfahrt meist noch länger."

Tom: „Meine Eltern sind vor acht Jahren von Magdeburg hierher gezogen, weil die Miete viel niedriger ist als in der Stadt. Außerdem ist mein Vater Asthmatiker und die frische, saubere Luft tut ihm gut. In Magdeburg ist mehr los. Da gibt es schöne Geschäfte. Hier ist nicht einmal ein Bäcker oder ein Tante-Emma-Laden. Ich möchte mal ins Kino, ins Internetcafé oder shoppen gehen. Hier muss man immer alles planen. Mein 17-jähriger Bruder macht eine Ausbildung in Magdeburg. Er wird manchmal morgens von einer Fahrgemeinschaft mitgenommen."

Claudia: „Manchmal, wenn meine Freunde keine Zeit für mich haben, finde ich es langweilig im Dorf. Aber die meiste Zeit ist das nicht der Fall. Dann spielen wir zum Beispiel Fußball auf unserem Bolzplatz. Der ist jetzt mit einem Klettergerüst und anderen Spiel- und Sportgeräten richtig gut geworden. Im Sommer besuchen wir bei gutem Wetter das Freibad im Nachbardorf. Mit dem Fahrrad ist die Fahrt dorthin schon anstrengend, aber eine Busfahrkarte ist auf Dauer recht teuer."

Aufgaben

3 **Lest die Meinungen. Stellt die Vor- und Nachteile des Lebens im Dorf zusammen.**

4 **Befragt bekannte Personen nach ihrem Leben im Dorf.**

5 **Geht auf Erkundung durch ein Dorf. Bringt Veränderungen in Erfahrung.**

Arbeitsheft

Den Heimatraum erkunden

> Jetzt aber hinaus aus dem Klassenzimmer!

Auf Erkundung

Wenn ihr auf Erkundung geht, verlasst ihr das Klassenzimmer und untersucht wichtige geographische Fragestellungen direkt vor Ort. Wichtige Methoden dabei sind das Beobachten, Befragen, Zählen, Messen und Schätzen.

Hinweis:
Eure Geographielehrerin/euer Geographielehrer hilft euch dabei.

Beispiele für mögliche Erkundungen

- Einkaufsmöglichkeiten im Schulort
- Freizeit- und Erholungsangebote im Schulort
- Verkehrsbelastungen in unmittelbarer Nähe der Schule
- Versiegelung des Schulhofes – Vor- und Nachteile

So geht ihr vor

1. **Vorbereitung**
   - Tauscht euch darüber aus, was untersucht werden könnte.
   - Einigt euch auf einen Erkundungsraum, zum Beispiel in der Nähe der Schule.
   - Formuliert Fragestellungen, denen ihr nachgehen wollt. Teilt euch in Gruppen auf.
   - Legt Arbeitsstandorte sowie einen Wege- und Zeitplan fest.
   - Plant, was ihr alles für die Erkundung benötigt (Kleidung, Arbeitsmittel, Verpflegung, …).

2. **Durchführung**
   - Legt fest, welche Aufgaben jedes Gruppenmitglied zu erledigen hat.
   - Setzt euren Arbeitsplan um. Beachtet dabei immer die Fragestellungen, die ihr während eurer Erkundung beantworten wollt.
   - Haltet eure Ergebnisse fest (zum Beispiel in Fotos, Skizzen, ausgefüllten Fragebögen oder Arbeitsblättern).

3. **Auswertung**
   - Wertet die Ergebnisse der Erkundung in den Arbeitsgruppen aus.
   - Bereitet sie auf (zum Beispiel in Texten, Tabellen, Zeichnungen).
   - Gestaltet ein Plakat, eine Schautafel oder eine Wandzeitung.
   - Stellt euren Mitschülerinnen und Mitschülern eure Arbeitsergebnisse vor. Tauscht euch im Gespräch darüber aus.

Aufgabe

1 **Geht auf Erkundung in eurem Heimatraum. Orientiert euch an der Schrittfolge**
Arbeitsheft

M1 Befragung

M2 Schüler bei einer Verkehrszählung

Eine Zukunftswerkstatt durchführen

Gestaltung einer lebenswerten Umwelt

Das wird spannend!

So geht ihr vor

1. **Kritikphase**
   - Listet auf, was euch in eurer Umgebung nicht gefällt und verbessert werden sollte (zum Beispiel Verkehrsbelastungen, Verschmutzungen, fehlende Spielmöglichkeiten).
   - Heftet die Umweltprobleme an eine Pinnwand und entscheidet euch für eines, das euch am meisten interessiert oder ärgert.

2. **Phantasiephase**
   - Tragt eure Ideen und Vorstellungen zusammen, wie das Umweltproblem gelöst werden könnte.
     Beachtet dabei: Alle Vorschläge sind erlaubt. Es gibt keinerlei Einschränkungen: Tut so, als hättet ihr genügend Geld, alle technischen Möglichkeiten, volle Entscheidungsmacht.
   - Stellt eure Zukunftsvorstellungen anschaulich dar. Ihr könnt dazu zum Beispiel eine Geschichte erzählen, Gedichte oder Zeitungsmeldungen schreiben, ein Rollenspiel aufführen, Poster oder Modelle anfertigen.

3. **Verwirklichungsphase**
   - Findet heraus, ob es Möglichkeiten gibt, eure Ideen zu verwirklichen - und sei es nur in Teilen.
   - Holt euch Unterstützung. Sucht dazu das Gespräch mit geeigneten Personen.
   - Informiert euch in der Stadt- oder Gemeindeverwaltung, ob bereits Veränderungen geplant sind.

Info

Zukunftswerkstatt

In einer Zukunftswerkstatt setzt ihr euch mit einem Umweltproblem auseinander und entwickelt Ideen zu seiner Lösung.

Aufgabe

2 **Führt eine Zukunftswerkstatt durch. Orientiert euch an der Schrittfolge.**
Arbeitsheft

M3 So könnte das Gelände unserer Traumschule aussehen…

1 Beschreibe den Wandel.

M1 Grundsteinheim 1955

Legende M1:
Vollerwerbshof
Nebenerwerbshof
Gewerbebetrieb
öffentliches Gebäude
Kapelle
Friedhof
Kinderspielplatz

4837E

M2 Grundsteinheim 2009

Legende M2:
Wohnhaus
Vollerwerbshof
Nebenerwerbshof
Gewerbebetrieb
öffentliches Gebäude
Bolzplatz
Kinderspielplatz
Kapelle
Parkplatz
Friedhof

4838E_1

Der Ort Grundsteinheim hat sich seit 1955 verändert. Vergleiche die beiden Karten (M1, M2).

Das kannst du jetzt:

– das Leben in der Stadt mit dem im Dorf vergleichen und dich im Gespräch darüber austauschen,
– die Hauptstadt Berlin als politisches, industrielles und kulturelles Zentrum und als Verkehrsknotenpunkt beschreiben,
– dich in einem Stadtplan orientieren,
– deinen Heimatraum unter einer geographischen Fragestellung erkunden und die Ergebnisse präsentieren.

Du kannst dabei folgenden Fachbegriff anwenden:
Hauptstadt

2 Bilde die Namen der Landeshauptstädte aus dem Silbenrätsel.

Ordne sie den Bundesländern zu. Welche Städte fehlen?

4123E_1

GART	DAM	BURG	MÜN	DEN
DORF	CHEN	WIES	SCHWE	BA
DE	DEN	SAAR	VER	POTS
ER	SEL	DÜS	STUTT	CKEN
MAG	BRÜ	FURT	RIN	MAINZ
NO	DRES	HAN	KIEL	

3 Verfolge die Reise in der nebenstehenden Karte.

a) Beschreibe die Lage der 9 Stationen (Landschaften, Flüsse, Städte u. a.). Nutze dazu auch den Atlas.

b) Ordne den Stationen die 9 Zeichnungen zu (Beispiel: Tagebau – Station Nr. 8).
Wenn du die Kästchen richtig zugeordnet hast, ergibt die Aneinanderreihung der unterstrichenen Buchstaben die Hauptstadt eines Bundeslandes.

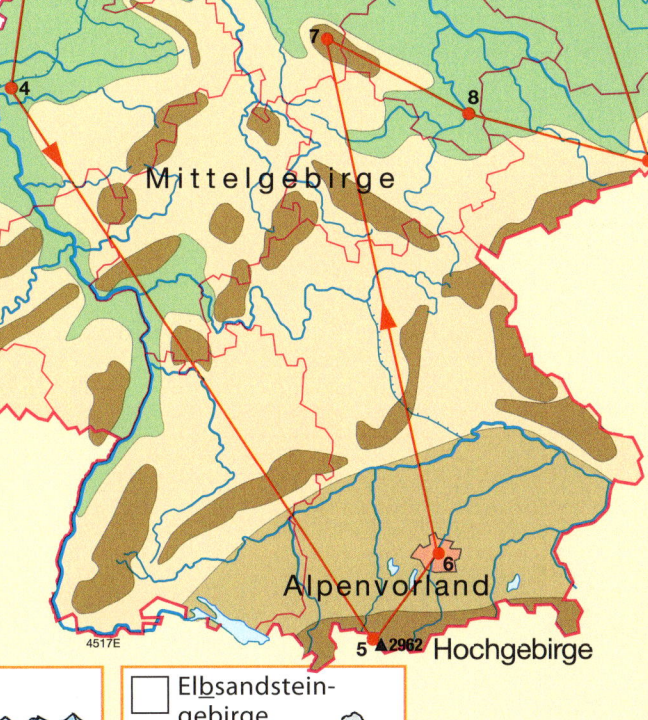

☐ Hauptstadt

☐ Brocken

☐ Inselkette

☐ München

☐ Elbsandsteingebirge

☐ Zugspitze

8 Tagebau

☐ Hafenstadt

☐ Verdichtungsraum

Stations-Nr.	6	1	8	2	3	9	5	7	4
Buchstabe			g						

Übertrage die Tabelle in dein Heft.

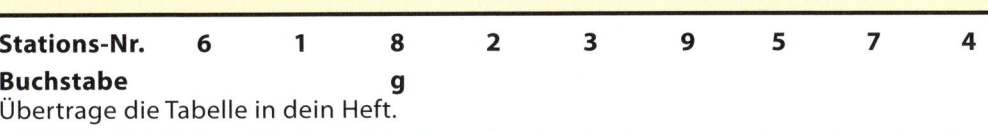

Minilexikon

Äquator (Seite 11)

Der Äquator ist eine Linie auf Karten und Globen, die die Erde in eine Nord- und eine Südhalbkugel teilt. Der Äquator ist 40 077 Kilometer lang.

Bundesland (Seite 30)

Deutschland besteht aus sechzehn Bundesländern. Sachsen-Anhalt ist eines davon. Jedes Bundesland hat eine eigene Regierung und eigene Gesetze.

Hafen (Seite 57)

Ein Hafen ist eine Anlegestelle für Schiffe. Hier werden Güter be- und entladen, Menschen begeben sich von hier aus auf Schiffsreisen. Es werden Binnen- und Seehäfen unterschieden.

Hauptstadt (Seite 116)

Die Hauptstadt eines Landes ist die Stadt, in der die Regierung und zahlreiche Botschaften ausländischer Staaten ihren Sitz haben. Die Hauptstadt von Deutschland ist Berlin.

Industrie (Seite 94)

Die Industrie ist ein Bereich der Wirtschaft. In Betrieben werden mithilfe von Maschinen Produkte wie Autos, Computer, Kleidung oder Lebensmittel hergestellt.

Insel (Seite 48)

Eine Insel ist eine allseitig von Wasser umgebene Landfläche. Die größte Insel Deutschlands ist die Insel Rügen.

Kohle (Seite 95)

Kohle ist ein Brennstoff, der vor Jahrmillionen aus Resten von Pflanzen entstanden ist. Es gibt Braun- und Steinkohle, wobei die Steinkohle älter ist und einen höheren Heizwert hat. Kohle wird im Tagebau oder Tiefbau gefördert.

Kontinent (Seite 14)

Ein Kontinent ist eine große Festlandsmasse. Unser Heimatkontinent ist Europa.

Küste (Seite 46)

Eine Küste ist der Übergangsbereich zwischen Festland und Meer. Sie hat verschiedene Formen, es werden zum Beispiel Steil- und Flachküsten unterschieden.

Landschaft (Seite 46)

Landschaft ist ein Ausschnitt der Erdoberfläche. Landschaften haben häufig gemeinsame Merkmale, zum Beispiel die Oberflächengestalt, das Klima, die Bodenbeschaffenheit oder den Pflanzenwuchs.

Landwirtschaft (Seite 79)

Die Landwirtschaft ist ein Teil der Wirtschaft. Sie dient der Erzeugung von pflanzlichen und tierischen Nahrungsmitteln und stellt Rohstoffe für die Industrie bereit. Zur Landwirtschaft gehören vor allem Ackerbau und Viehzucht.

Löss (Seite 82)

Löss ist ein vom Wind angewehter feiner, gelblicher Gesteinsstaub. Lössböden gehören zu den fruchtbarsten Böden. In Norddeutschland befinden sie sich am Rande der Mittelgebirge.

Mittelgebirge (Seite 62)

Mittelgebirge sind Gebirge, die bis zu 1 500 Meter hoch sind. Ihre Berge sind zumeist abgerundet und häufig bewaldet.

Nordpol (Seite 11)

Der Nordpol ist der nördlichste Punkt der Erde. Die Erdachse verbindet den Nordpol mit dem Südpol. Rund um den Nordpol erstreckt sich die Arktis.

Ozean (Seite 14)

Ozeane sind große Wasserflächen, die durch Festland voneinander getrennt sind.

Schwarzerde (Seite 82)

Schwarzerde ist ein dunkelbrauner, humusreicher und somit sehr fruchtbarer Boden. Er hat sich auf Löss gebildet. Ausgedehnte Schwarzerdegebiete befinden sich in den Börden.

Südpol (Seite 11)

Der Südpol ist der südlichste Punkt der Erde. Die Erdachse verbindet den Nordpol mit dem Südpol. Rund um den Südpol erstreckt sich die Antarktis.

Tiefland (Seite 16)

Tiefland ist ein ebener oder flachwelliger Teil der Erdoberfläche. Es erreicht Höhen bis zu 200 Metern.

Tourismus (Seite 66)

Tourismus oder auch Fremdenverkehr ist der Wirtschaftsbereich, der mit Reisen zu tun hat. Tourismusarten sind zum Beispiel der Erholungs-, Bildungs- und Eventtourismus. Wenn sich in einem Fremdenverkehrsgebiet eine große Anzahl von Menschen zur gleichen Zeit aufhält, sprechen wir von Massentourismus.

Trichtermündung (Seite 56)

Eine Trichtermündung ist eine Flussmündung, die wie ein Trichter in das Festland hineinreicht. Eine solche Mündungsform entsteht durch den Wechsel von Ebbe und Flut.

Verdichtungsraum (Seite 94)

Ein Verdichtungsraum ist ein Gebiet, in dem sich viele Industriebetriebe befinden. Hier leben besonders viele Menschen auf engem Raum. Das Verkehrsnetz ist gut ausgebaut. Der größte Verdichtungsraum Deutschlands ist das Ruhrgebiet.

Atlas (Seite 15)

Der Atlas ist eine Sammlung verschiedener Karten. Er besteht aus Inhaltsverzeichnis, Kartenteil und Register.

Bruchschollengebirge (Seite 63)

Unsere Mittelgebirge sind Bruchschollengebirge, die vor 300 Millionen Jahren entstanden sind. Erdinnere Kräfte brachen die Erdkruste in einzelne Schollen auf. Die verschiedenen Oberflächenformen des Mittelgebirgslandes entstanden durch das Herausheben, Absenken oder Schrägstellen einzelner Schollen.

Durchbruchstal (Seite 71)

Ein Durchbruchstal ist ein Flusstal, das durch ein Gebirge verläuft. Während sich das Gebirge langsam heraushob, schnitt sich der Fluss gleichzeitig in das Gebirge ein.

Gezeiten (Seite 52)

Gezeiten sind das regelmäßige Vordringen (Flut) und Zurückweichen (Ebbe) des Meerwassers an der Küste.

Globus (Seite 11)

Der Globus ist ein verkleinertes Modell des Planeten Erde.

Grabenbruch (Seite 70)

Ein Grabenbruch ist eine schmale, lang gestreckte Bruchscholle, die sich zwischen zwei gehobenen Schollen abgesenkt hat. Ein Beispiel dafür ist die Oberrheinische Tiefebene.

Hochgebirge (Seite 33)

Hochgebirge sind Gebirge mit einer Höhe über 1 500 Meter. Sie haben hohe Felswände, steil aufragende Gipfel und tief eingeschnittene Täler. Auf den höchsten Erhebungen liegen Eis und Schnee.

Talsperre (Seite 65)

Eine Talsperre ist eine Staumauer oder ein Damm quer zu einem Flusstal. Talsperren befinden sich zumeist in Gebirgen. Durch sie wird das Flusswasser zu einem See aufgestaut. Talsperren dienen dem Hochwasserschutz sowie der Energiegewinnung, Erholung und Wasserversorgung.

Quellenverzeichnis

Bildquellen
|Alfred-Wegener-Institut (AWI)/Helmholtz-Zentrum für Polar- und Meeresforschung, Bremerhaven: 19.4. |alpincenter Bottrop, Bottrop: 101.4. |Anders, Uwe, Cremlingen/Destedt: 81.1, 81.2. |ANDIA, Pacé: euroluftbild.de 58.1. |Arbeitsgemeinschaft für die Reinhaltung der Elbe (ARGE-Elbe), Hamburg: 56.2. |Arend, Jörg, Wedel: 63.3, 63.5, 63.6, 63.7, 90.2. |Astrofoto, Sörth: 8.1; Eberle, Roland 10.2; Numazawa 3.2. |Augst, H.-J., Kiel: 52.1, 52.2. |Autostadt GmbH, Wolfsburg: 108.1. |BASF Corporate History, Ludwigshafen a. Rh.: 82.3. |Berliner Flughäfen, Berlin: EVS Digitale Medien GmbH 118.1. |Bilderberg, Hamburg: 89.5. |Bioland e.V., Mainz: 90.4. |BMW AG, München: 106.3. |Bundesanstalt für Landwirtschaft und Ernährung (BLE), Bonn: Stephan 82.4, 90.3. |Bundesministerium für Ernährung und Landwirtschaft (BMEL), Bonn: 90.1. |Centro Management GmbH, Oberhausen: 101.2. |CLAAS KGaA mbh, Harsewinkel: 4.6, 76.3. |Colditz, Margit, Halle: 39.3, 63.2, 65.2, 66.1, 66.3, 85.2. |Das Luftbild-Archiv, Biere: 33.1, 43.3, 46.2, 47.2, 47.3, 47.4, 55.3, 55.4, 60.1, 116.3. |ddp images GmbH, Hamburg: Kappeler 22.1; Marcus Posthumus 56.1. |Deutsche Post AG, Bonn: 103.4. |Deutsches Meeresmuseum, Stralsund: Johannes-Maria Schlorke 59.5. |Dieckmann, Evelyn, Halberstadt: 12.1, 42.1. |links: DLR - oben: Süddt. Zeitung, SZ Grafik - unten: picutre alliance, dpa/Robert Grahn 23.1. |DLR Deutsches Zentrum für Luft- und Raumfahrt, Weßling, OT Oberpfaffenhofen: 3.1, 11.1, 13.1, 17.1, 19.1, 21.1. |Drögemeier, E., Siegenburg: 16.4. |Druwe & Polastri, Cremlingen/Weddel: 122.3. |Europa-Farbbildarchiv Waltraud Klammet, Ohlstadt: 35.2. |European Community, Brüssel: 28.2, 28.3, 28.4, 28.6, 28.7, 28.9, 28.11, 28.12. |F1online, Frankfurt/M.: Tobias Trapp 51.2. |Falk, Dietmar, Berlin: 51.1. |firo sportfoto, Dülmen: 98.1. |Fochler, Dirk, Wendhausen: 37.1. |Fotoagentur Fox, Lindlar/ Köln: Titel. |Fotoatelier Federau, Pléneuf - Val André: 59.3. |fotolia.com, New York: Titel; bernd.walter 29.2; Charlesknox 115.3; Claudia Manke 28.14; Czauderna, Henry 53.2; FLIEGER67 29.1; fotohansi 28.16; Kalle Kolodziej 29.3; Marc Schobel 107.2; Raymond Thill 28.13; Sebastian Kaulitzki 28.8. |Frambach, Timo, Braunschweig: 91.3, 108.3. |Geologischer Dienst Nordrhein-Westfalen - Landesbetrieb -, Krefeld: Theo Windges 81.3. |Gerhard Launer WFL-GmbH, Würzburg: 39.2. |Gerster, Dr. Georg, Zumikon: 21.2. |Gesamtverband Steinkohle e. V. (GVSt), Essen: 95.4, 111.5. |Getty Images, München: Cancan Chu 87.5; IFA/Gottschalk 57.2; Jupiterimages/Firma 48.2; Louis Schwartzberg 21.4. |Gräning, Horst, Lubmin: 50.1, 50.2. |Greiner, Alois, Braunschweig: 66.4. |Griese, Dietmar, Laatzen: 40.1, 40.2, 40.3, 40.4, 40.5, 40.6, 40.7, 40.8, 40.9, 40.10, 40.11, 40.12, 96.2, 125.1, 125.2, 125.3, 125.4, 125.5, 125.6, 125.7, 125.8, 125.9. |Heller, J., Wiesbaden: 19.3. |Hoh, Eugen, Leutkirch im Allgäu: 92.4. |Huber Images, Garmisch-Partenkirchen: Gräfenhain 32.2; R. Schmid 62.3. |Hultsch Photography, Dortmund: 73.2. |i.m.a - information.medien.agrar e.V., Berlin: 4.8, 76.4, 84.2, 92.3. |Infineon Technologies AG, Neubiberg: 106.1. |ISP Wolfgang Grube, Bonn: 72.1. |iStockphoto.com, Calgary: f00sion 22.3. |Jung, Dieter, Hannover: 28.1. |Jupiterimages, München: IFA/Hille 4.5, 44.2; Kappl, C., Waldkirchen: 92.6, 120.1, 120.2. |Kerkhof, Holger, Lage: 13.2, 13.3. |Kirschen, G., Waldkirchen: 43.4. |Klocke, W.H. Verlag, Paderborn: 66.2. |Klonowski, Hartmut, Lübeck: 59.6. |Kreuzberger, Norma, Lohmar: 95.2. |Kurt Fuchs - Presse Foto Design, Erlangen: 5.2, 77.5. |laif, Köln: Henseler 6.3; Renaudeau, Michel/Hoa-Qui 6.6; Sasse, Martin 20.1. |Landesamt für Denkmalpflege und Archäologie Sachsen-Anhalt, Halle (Saale): Juraj Lipták 39.1. |Landeshauptarchiv Koblenz, Koblenz: Merten Fotodesign 89.2. |Landesmedienzentrum Baden-Württemberg, Karlsruhe: 43.2. |Landesredaktion Berlin - Senatskanzlei, Berlin: 116.2. |Lindau, Anne-Kathrin, Lieskau: 31.1. |Linde, C., Magdeburg: 39.4. |Lookphotos, München: Bernard van Dierendonck 68.2; Karl Johaentges 67.3. |MairDumont GmbH & Co. KG, Ostfildern: 49.2. |mauritius images GmbH, Mittenwald: 89.6, 92.5; asap 16.2; Dohmes 17.2; imagebroker 32.1; Lehn 86.1; Pigneter 62.2; Rossenbach 89.4, 92.2; Scheuerecher 79.3; Schröter 74.2; Vidler 16.3. |MELT! GmbH & Co.KG, Berlin: Stephan Flad 105.2. |Messe- und Veranstaltungsgesellschaft Magdeburg (MVGM) www.mvgm.de, Magdeburg: Titel; Werner Klapper 38.2. |MEV Verlag GmbH, Augsburg: 4.4, 76.1. |Michael, M., Ilsenburg: 104.2. |Minden Pictures, Aptos: Pete Oxford 21.3. |Müller, Knut, Halle: 62.4. |Müller, Rolf, Ølstykke: 19.2. |NASA, Washington: 36.1, 36.2, 36.3, 36.4. |NASA/ESA: 10.1, 10.3. |Nußbaum, Dennis, Koblenz: 7.1. |OKAPIA KG - Michael Grzimek & Co., Frankfurt/M.: Otto 69.3. |Pflügner, Matthias, Berlin: 15.1, 84.1, 85.4, 87.2, 87.3, 87.4, 115.2. |Picture-Alliance GmbH, Frankfurt a.M.: AP/The Salina Journal/Justin Hayworth 22.2; Bildagentur Huber/Gräfenhain 55.2; dpa /DB 34.1; dpa-ZB/Thieme, Wolfgang 63.4; dpa-Zentralbild/Förster, Peter 82.1; dpa/ANSA/Pezza, Cara 6.4; dpa/gms Grünzweig + Hartmann AG 111.4; dpa/Hub 99.2; dpa/Rainer Jensen 108.2; dpa/Zimmermann, Peter 82.2; Endig, Peter 102.1; Euroluftbild.de/Zentralbild 74.1; G. Breloer 79.4; Helga Lade/Krämer, G. 71.3; Hubert Link/Zentralbild 88.2; Jens Wolf/Zentralbild 67.2, 103.3; Koene, Ton 21.6; Matthias Bein 65.3; Patrick Pleul/Zentralbild 88.1; Rolf Schultes/dpa 111.2; Salome Kegler 76.2; ZB/euroluftbild.de 3.3, 26.1; ZB/P. Förster 86.2; Zucchi, Uwe 85.3. |pixelio media GmbH, München: Andreas Köckeritz 28.5; Doris Rennekamp 28.10; Kathy1976 28.15; st.ahler 59.4. |Presse- und Informationsamt der Bundesregierung, Berlin: 116.1. |RAG Deutsche Steinkohle AG, Herne: 110.1. |Raupach, Thomas, Hamburg: 103.2. |Regionalverband Ruhr - RVR, Essen: 100.1. |Reinhard-Tierfoto, Heiligkreuzsteinach: 89.3. |Restaurant Brückenterrassen, Rendsburg: Stefan Fuhr 56.3. |Rupprecht, Hartmut, Frankfurt/Main: 114.1. |Rüttger, Edgar, Langlingen: 122.2. |RWE AG, Konzernpresse/www.rweimages.com, Essen: 95.3, 104.1. |Sammlung Richter, Wetzlar: 69.2. |Sander-Gaiser, Martin Dr., Habichtswald-Ehlen: Universität Leipzig 11.2. |Schatz, Peter, Marktoberdorf: 101.3. |Schlemmer, Herbert, Berlin: 117.2. |Schloss Gottorf, Schleswig: 11.3. |Schmidtke, Kurt-Dietmar, Bad Malente-Gremsmühlen: 49.3. |Schönauer-Kornek, Sabine, Wolfenbüttel: 2.1, 4.1, 4.2, 4.7, 5.3, 6.1, 7.2, 7.3, 7.4, 9.1, 24.1, 25.1, 25.2, 25.3, 25.4, 25.5, 27.1, 35.1, 38.1, 42.2, 43.1, 44.1, 45.1, 45.2, 46.1, 47.1, 48.1, 49.1, 53.1, 53.3, 54.1, 55.1, 57.1, 59.1, 61.1, 61.2, 62.1, 63.1, 65.1, 67.1, 68.1, 69.1, 71.1, 71.2, 73.1, 74.3, 74.4, 74.5, 74.6, 74.7, 74.8, 75.1, 75.2, 75.3, 75.4, 77.2, 77.4, 78.1, 78.2, 79.1, 83.1, 83.2, 85.1, 87.1, 89.1, 91.1, 92.1, 93.7, 95.1, 96.1, 97.1, 99.1, 100.2, 101.1, 103.1, 105.1, 107.1, 109.1, 111.6, 112.1, 113.1, 113.2, 115.1, 117.1, 119.1, 121.1, 122.1, 123.1, 123.2, 124.1, 124.2. |Science Photo Library, München: ESA 6.2. |seasons.agency, München: Berndt Andresen 111.3. |Seipelt, Andrea, Vechelde: 33.3, 64.1, 85.5. |Siemens AG, München: 106.2. |Simper, Manfred, Wennigsen: 12.2. |SKN - Bildarchiv, Norden: 4.3, 45.3. |StockFood, München: Stock 79.2. |Störtebeker Festspiele, Ralswiek/Insel Rügen: 59.2. |Strohbach, Dietrich, Berlin: 16.1, 77.1. |Tieke, R., Aerzen: 100.3. |u-connect - Joachim Keil, Mannheim: 20.2. |vario images, Bonn: Glowimages 6.5. |Verein Grünwerk, CH-Winterthur: Fischer, Patrick T. 21.5. |Versuchsgut Lindhof - Versuchsgut für Ökologischen Landbau, Lindhöft: 91.2. |Volkswagen Aktiengesellschaft, Wolfsburg: 5.1, 77.3, 109.2, 109.3. |Volkswagen Media Services, Wolfsburg: 111.1. |Wandrey, Guido, Dagebüll: 93.1, 93.2, 93.3, 93.4, 93.5, 93.6, 93.8. |Weidner, Walter, Altlußheim: 91.4. |Weingut Ludger Veit, Osann-Monzel: 62.5. |Wenzel, Christine, Witten: 33.2, 101.5, 117.3. |Werner Otto Bildarchiv, Oberhausen: 70.1. |Wolf, Heinz-Ulrich, Steinheim/Murr: 18.1.

Folgende Autorinnen und Autoren sind an diesem Buch weiterhin beteiligt:
Matthias Baumann, Matthias Bahr, Edgar Brants, Dieter Engelmann, Timo Frambach, Renate Frommelt-Beyer, Martina Gelhar, Kerstin Gerlach, Klaus Hähnel, Reinhard Hoffmann, Ute Irmscher, Claus Kappl, Holger Kerkhof, Peter Kirch, Norma Kreuzberger, Rainer Lacler, Selma Last, Wolfgang Latz, Heidemarie Müller, Jürgen Nebel, Claudia Reichmann, Simone Reutemann, Ines Rittemann, Thomas Seidl, Barbara Stricker, Ralf Tieke und Christoph Weigert.

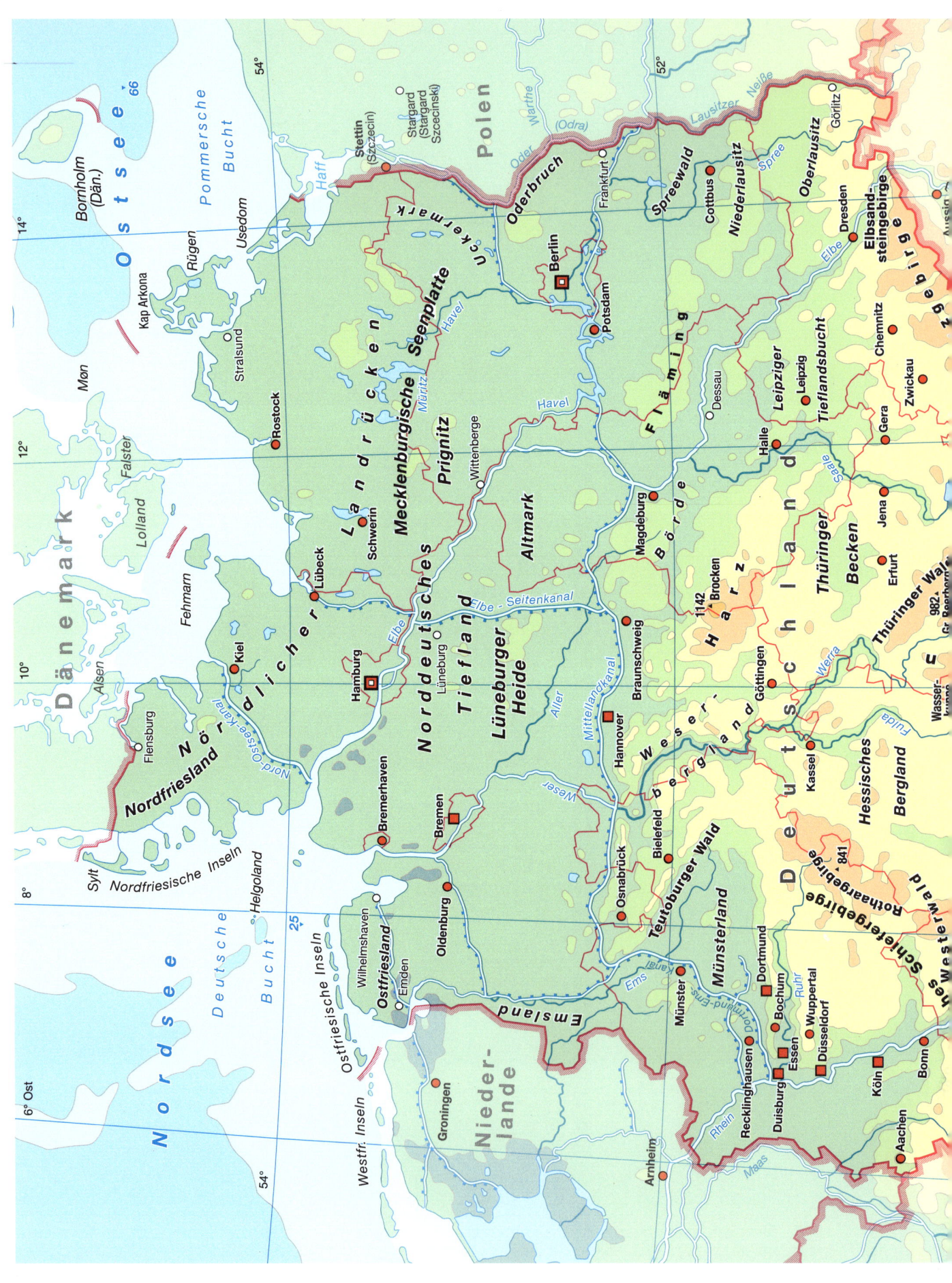